Petra Rothaug
Abriß der japanischen Lautgeschichte

Petra Rothaug

Abriß der japanischen Lautgeschichte

日本語音韻史概説

HELMUT BUSKE VERLAG HAMBURG
1991

Gedruckt auf säurefreiem Papier

Die Deutsche Bibliothek - CIP - Einheitsaufnahme

Rothaug, Petra:
Abriß der japanischen Lautgeschichte /
Petra Rothaug.
– Hamburg: Buske, 1991
Parallelsacht. in japan. Schr.
ISBN 3-87118-966-9

ISBN 3-87118-966-9

Gesamtherstellung: WS Druckerei Werner Schaubruch, 6501 Bodenheim

Inhaltsverzeichnis

1. Einleitung
1.1. Bedeutung der Lautgeschichte

Das gesprochene Wort ist das bei weitem am häufigsten
benutzte und somit wichtigste Medium der zwischenmenschli-
chen Kommunikation (O'Connor 1973: 9). Beim aktiven Sprechen
bildet die Kenntnis der Laute, d.h. der phonetischen Realisierungen der jeweiligen Phoneme, neben der Grammatik eine
wichtige Vorraussetzung zur zweifelsfreien Verständigung in
einer Sprache. Die schriftliche Darstellung durch alphabetische,
silbische oder ideographische Systeme dient nur als Symbol
für die Laute der gesprochenen Sprache. Aus diesem Grunde
"besteht eine der grundlegenden Annahmen der modernen
Linguistik darin, daß nicht Schrift sondern Laut das primäre
Medium der Sprache ist" (Lyons 1971: 35). Folglich ist "das
Studium der Lautsubstanz für den Linguisten ein zentraleres
Anliegen als die Untersuchung von graphischer Substanz und
von Schriftsystemen" (Lyons 1973: 68). "In jeder Sprache gibt es
Regeln, nach denen Laute sich miteinander zu Wörtern verbin-
den oder nach denen dieselben Laute je nach ihrer Stellung im
Wort oder Satz etwas anders ausgesprochen werden" (Lyons
1973: 37); dies trifft selbstverständlich auch für das Japanische
zu.

1.2. Stand der Sprachwissenschaft

In der japanischsprachigen Linguistik ist, der Bedeutung
der Lautgeschichte entsprechend, eine Fülle von Material vorhanden (siehe Literaturverzeichnis). Allerdings werden in der
publizierten Literatur häufig dieselben Phänomene - zum Teil
sogar wörtlich identisch - beschrieben; auch fehlen häufig
Hinweise auf den Urheber.
Auch in der deutschsprachigen beziehungsweise in der euro-
päischsprachigen Literatur findet die Lautgeschichte Berück-

2

sichtigung. Hervorzuheben ist insbesondere die sehr ausführliche vierbändige Darstellung von Wenck (1954-1959), welche sich jedoch für einen kurzen Überblick über die Lautgeschichte als weniger geeignet erweist. Ferner vermißt man bei Wenck eine Übersetzung der angeführten Beispiele. Vance (1987) hingegen beschreibt ausführlich das Gegenwartsjapanisch, versehen mit Beispielen, die er ins Englische übersetzt; die lautgeschichtliche Entwicklung wird indessen nur am Rande erwähnt.

Die größten Probleme der nichtjapanischen Literatur liegen jedoch in einer adäquaten Übertragung der fachterminologischen Begriffe des Japanischen in allgemeinverständliche phonologische Termini. Häufig wird diese Problematik dadurch umgangen, daß die japanischen Termini entweder einfach übernommen oder daß sie wörtlich übersetzt werden. Hierzu verweise ich exemplarisch auf folgende Textstellen bei Schneider (1989: 126): "Bei der *ha*-Reihe...", "»Begradigung« von *yôon*...", "...Übergreifen eines *u-onbin* auf sj. (sinojapanisches) Vokabular..."; linguistisch allgemein verständlicher und somit nicht nur dem speziell japanologisch vorgebildeten Sprachwissenschaftler wären statt dessen folgende Formulierungen: "Bei dem Phonem /h/...", "Entpalatalisierung der palatalisierten konsonantischen Silbenanlaute...", "Übergreifen der Lautverschleifungen zu /u/ auf sinojapanisches Vokabular...". Lange (1973) benutzt durchgehend den Begriff "*kō-otsu* distinction", und auch Kindaichi/Maes (1978) behalten z.B. die Begriffe *tsumaru oto* und *haneru oto* in ihrer japanischen Form bei, statt jeweils passende Termini in der Sprache ihrer Abhandlungen zu verwenden; im Deutschen wären dies die Begriffe "paarige Opposition" sowie "stimmlose lange Konsonanten" und " Nasallaut". Beispiele für wörtliche Übersetzungen bieten Wenck (1954: 130 ff.), der von "getrübten Lauten" anstelle von "den stimmhaften Konsonanten /d, g, b, z/" und von "gequetschten Lauten" anstelle von "palatalisierten oder labialisierten konsonantischen Silbenanlauten" spricht, sowie Fischer/Kishitani/Lewin (1974: 194 ff.), die in ihrem fachterminologischen Glossar die Begriffe *kai-yôon* mit "'einführender gebrochener Laut', erstes Silbenzeichen im *yôon*" anstelle mit "palatalisierter konsonantischer Silbenanlaut" und *gô-yôon* mit "'angefügter gebrochener Laut', zweites Silbenzeichen im *yôon*" anstelle mit "labialisierter konsonantischer Silbenanlaut" - freilich falsch - übersetzen.

1.3. Zielsetzung der Arbeit

Ziel dieser Arbeit ist es, die eingangs (siehe 1.1.) erwähnten Regeln des Japanischen anhand des gegenwärtigen Standes der Sprachwissenschaft für die jeweiligen Zeitabschnitte aufzuzeigen und durch geeignete Beispiele näher zu erläutern.

Außerdem wird angestrebt, die jeweiligen japanischen Begriffe in **sinnentsprechende** deutsche zu übertragen, die es jedem sprachwissenschaftlich interessierten Leser, also nicht nur dem Japanisch sprechenden, ermöglichen sollen, sich einen Überblick über die japanische Lautgeschichte zu verschaffen.

Am Ende der Arbeit erfolgt eine diachrone Zusammenfassung der wichtigsten Veränderungen der japanischen Lautgeschichte anhand von Tabellen.

Nicht gesondert behandelt wird das Protojapanische, da die wenigen schriftlichen Quellen für phonologische Untersuchungen nicht ausreichen. Außerdem bleiben die Akzente und die Dialekte außer Betracht; sie bedürfen eigenständiger wissenschaftlicher Bearbeitung.

1.4. Formale Hinweise

Die Umschrift der japanischen Beispiele erfolgt phonematisch. Die Phoneme werden durch Schrägstriche // gekennzeichnet, die phonetischen Realisierungen sind in eckige Klammern [] gesetzt, und wörtliche Übersetzungen sind in einfache

4

Anführungszeichen ' ' eingeschlossen. Der Silbenschlußnasal *n* wird als Phonem durch einen Akzent gekennzeichnet, z.B. */musuńda/* 'gebunden'. Lautverschleifungen zu stimmlosen langen Konsonanten *(sokuon)* werden phonematisch durch die Verdopplung des betreffenden Konsonanten wiedergegeben, im Gegensatz zu der verbreiteten Schreibweise mit /Q/, also z.B. */katta/* anstatt */kaQta/* 'gekauft'; phonetisch wird die Verdopplung durch einen Doppelpunkt : markiert, z.B. [kat:a]. Nicht belegte Beispiele und Phoneme werden mit einem Sternchen * versehen. Schwache Palatalisierungen der Konsonanten vor dem Vokal /i/ und vor dem Semivokal /y/ werden nicht als eigenständige Allophone behandelt.

Für die Umschrift von japanischen Namen, Begriffen, Titeln etc. wird die Hepburn- Transkription verwendet, wobei jedoch abweichend hiervon die Darstellung der Langvokale nicht durch einen Zirkumflex sondern durch die Verdopplung des betreffenden Vokals erfolgt, z.B. *joodai* 'Altertum'. Japanische Namen werden in japanischer Reihenfolge wiedergegeben, d.h., zuerst steht der Familienname und danach der persönliche Name.

Die Jahreszahlen der historisch-politischen Perioden habe ich den Tabellen in Nelson (1962: 1016 ff.) entnommen.

Die japanischen Fachtermini habe ich weitestgehend sinnentsprechend ins Deutsche übertragen, wobei ich bei Begriffen, die sich auf das Altjapanische beziehen, auch auf die Magisterarbeit von Hänze (1986) zurückgreifen konnte. Als weitere Hilfen dienten mir dabei OD (1976), Rickmeyer (1986), Lewin (1959: 228 ff.) sowie Fischer/Kishitani/Lewin (1974: 194 ff.). Die Terminologie der japanischen Grammatik ist der "Morphosyntax der japanischen Gegenwartssprache" (Rickmeyer 1983) sowie der "Einführung in das Klassische Japanisch" (Rickmeyer (1985) entnommen. Die Symbolik geht auf den Artikel "Sprachbau" (Rickmeyer 1989) zurück, so z.B. das Gleichheitszeichen = als Symbol für den Anschluß der Partikeln.

1.5. Abkürzungen

Im folgenden werden die in dieser Arbeit verwendeten Ab-
kürzungen aufgelistet, soweit sie über die allgemein üblichen,
wie sie z.B. im Duden aufgeführt sind, hinausgehen.

A_o	Adjektive, deren Stamm nicht auf die Silben *si* oder *zi* auslauten
A_{si}	Adjektive, deren Stamm auf die Silben *si* oder *zi* auslauten
AJ	Altjapanisch
C	Konsonant
GJ	Gegenwartsjapanisch
KJ	Klassischjapanisch
MC	Mittelchinesisch (Tang-Dynastie ca. 7. bis 9. Jahrhundert)
MJ	Mitteljapanisch
NJ	Neujapanisch
S	Semivokal
V	Vokal
V_c	Verben der konsonantischen Gruppe
V_e	Verben der vokalischen Gruppe mit *e*-Basis

2. Altjapanisch: Yamato-Zeit (ca. 630–710) und Nara-Zeit (710–794)

Das Altjapanische repräsentiert die Yamato-Sprache der höfischen Adelsklasse des 7. und 8. Jahrhunderts der Region Yamato, so vor allem der Hauptstädte Asuka und später Nara, damals Heijookyoo genannt (JKD 1967: 13). Das Quellenmaterial besteht hauptsächlich aus den *Kinsekibun* ('Inschriften in Metall und Stein'), den Provinztopographien *Fudoki* ('Aufzeichnungen über Sitte und Land'), den mit nur zur Lautwiedergabe verwandten chinesischen Logogrammen geschriebenen Gedichten und den Leseglossen der beiden frühen Chroniken, des *Kojiki* ('Bericht über alte Begebenheiten', 712) und des *Nihon-shoki* ('Japanische Annalen', auch *Nihongi* genannt, 720), sowie einer Gedichtanthologie, dem *Man'yooshuu* ('Zehntausend-Blätter-Sammlung', zusammengestellt vermutlich in der zweiten Hälfte des 8. Jahrhunderts), bei dem insbesondere die rein phonetisch geschriebenen Gedichte von Interesse sind. Hinzu kommen weitere Quellen, z.B. das *Shoku-Nihongi* (Fortsetzung des *Nihon-shoki*, 797), welches u.a. die ältesten *senmyoo* (kaiserliche Erlasse zur mündlichen Verkündung) enthält, und das Zeremonialwerk *Engishiki* ('Rituale der *Engi*-Zeit', 905–927), in dem u.a. die *norito* (*Shintoo*-Gebete) überliefert sind.

Zur Kennzeichnung der paarigen Opposition (*koo-rui, otsu-rui*) in der altjapanischen Sonderschreibweise (*joodai tokushu kanazukai*) werden die diakritischen Zeichen ´ und ` verwendet. Die Sonderschreibweise der altjapanischen Beispiele erfolgt nach *Jidai-betsu kokugo daijiten – Joodai-hen* (JKD). Bei Quellenangaben, die sich auf das *Man'yooshuu* beziehen, werden die Nummern der entsprechenden Gedichte hinzugefügt (nach Pierson 1929-1963 Bd. 1-20).

2.1. Die *Man'yoogana*

In der Nara-Zeit wurden japanische Texte mit Hilfe von ungefähr 1.200 verschiedenen *Man'yoogana* (*kana* < *kari-na* 'geborgte Namen') geschrieben (Yamada 1980: 164). *Man'yoogana* sind phonographisch gebrauchte chinesische Wortschriftzeichen, die für jeweils eine oder zwei japanische Silben stehen, z.B.:

(1)　支　= /kí/
　　　己　= /kì/ und /kò/ (Hashimoto 1941: 196 f.)

Eine Silbe wird hierbei durch eine Gruppe von verschiedenen Zeichen repräsentiert, die alle diesem bestimmten Lautwert entsprechen. Ihren Namen erhielten die *Man'yoogana* aufgrund ihrer Verwendung im *Man'yooshuu*. Die *Man'yoogana* teilen sich in zwei Gruppen. Auf der einen Seite steht die zahlenmäßig überwiegende Gruppe der *ongana* ('mit sinojapanischer Lesung entlehnte Zeichen'), die auf der chinesischen Lautung des entsprechenden Zeichens beruhen; auf der anderen Seite steht die Gruppe der *kungana* ('mit japanischer Lesung entlehnte Zeichen'), deren Lautwert der japanischen Bedeutung des jeweiligen chinesischen Wortzeichens entspricht.

2.1.1. Altjapanische Sonderschreibweise *(joodai tokushu kanazukai)*

Die *Man'yoogana* der dreizehn Silben /ki, fi, mi, ke, fe, me, ko, so, to, no, (mo), yo, ro/ und der entsprechenden stimmhaft anlautenden Silben /gi, bi, ge, be, go, zo, do/ werden durch jeweils zwei Zeichengruppen dargestellt, die sich hinsichtlich ihrer Benutzung deutlich voneinander unterscheiden. So werden z.B. für die Silbe /ki/ in /akí/ 'Herbst' und /ikí/ 'Atem' die *Man'yoogana*　伎, 岐, 吉　- nämlich aus der einen Gruppe /kí/ *(ki koo-rui)* - und für die Silbe /ki/ in /kìri/ 'Nebel' und

8

/tukì/ 'Mond' die *Man'yoogana* 紀, 木, 己 - nämlich aus der anderen Gruppe /kì/ *(ki otsu-rui)* - gebraucht. Eine paarige Opposition der Silbe /mo/ ist nur in dem ältesten Werk, dem *Kojiki*, zu finden (Arisaka 1932: 83 ff); die dort verwendete Gesamtsilbenanzahl beträgt demzufolge 88, im *Nihon-shoki* und im *Man'yooshuu* beträgt sie nur noch 87. Mabuchi (1968: 90) geht von 91 unterschiedlich geschriebenen Silben im *Kojiki* aus, indem er eine paarige Opposition auch bei den Silben /fo, si/ sowie bei anlautendem /o/ annimmt. Bei den Vokalen der Silben, die keine paarige Opposition aufweisen, besteht die Tendenz, sie jeweils einer der beiden Gruppen zuzuordnen. So vermutet Oono, daß es sich z.B. bei den Vokalen der Silben /fo, wo/ sowie anlautendem /o/ um ein /ò/ handele (nach Hashimoto 1980: 663).

Dieses Phänomen der paarigen Opposition wurde bereits von Motoori Norinaga in seinem Werk *Kojiki-den* (1764 - 1798) nachgewiesen, anschließend von seinem Schüler Ishizuka Tatsumaro in seinem Werk *Kanazukai oku no yamamichi* (um 1798) ausführlich untersucht und später von Hashimoto Shinkichi (1917) wieder aufgegriffen (Lange 1973: 22 ff.).

2.1.2. Darstellung der 87 bzw. 88 Schriftsilben des altjapanischen Lautsystems

a	ka	ga	sa	za	ta	da	na	fa	ba	ma		ya	ra	wa
i	kí	gí	si	zi	ti	di	ni	fí	bí	mí			ri	wi
u	ku	gu	su	zu	tu	du	nu	fu	bu	mu		yu	ru	
e	ké	gé	se	ze	te	de	ne	fé	bé	mé		ye	re	we
o	kó	gó	só	zó	tó	dó	nó	fo	bo	mo	(mó)	yó	ró	wo
	kò	gò	sò	zò	tò	dò	nò				(mò)	yò	rò	
	kì	gì							fì	bì	mì			
	kè	gè							fè	bè	mè			

(JKD 1967: 29)

2.2. Phoneme
2.2.1. Vokale
2.2.1.1. Acht Vokale

Die Annahme der Existenz von acht Vokalen – einschließlich Diphthongen – stellt die am weitesten verbreitete Theorie dar, der sich u.a. auch die Schulgrammatik anschließt (Hashimoto 1980: 663). Hierbei handelt es sich um die Vokale /a, u/ sowie um die paarigen Vokale /í, ì, é, è, ó, ò/. Bei den Vokalen /a, u, ó, í, é/ nimmt man die Lautwerte der Hinterzungenvokale [a, u, o] sowie der Vorderzungenvokale [i, e] an. Bei dem Vokal /ò/ geht man vom Lautwert des gerundeten Mittelzungenvokals [θ] aus. Hinsichtlich der Vokale /ì, é, è/ herrscht die Meinung vor, daß es sich hierbei um Diphthonge handelt. Diese Vokale haben sich als Ergebnis des folgenden Lautwandels entwickelt: /a/ + /i/ > /è/, /i/ + /a/ > /é/ und /u/ oder /ò/ + /i/ > /ì/ (Oono 1955: 175, siehe Beispiel (10)). Aus diesem Grunde werden die Vokale /a, í, u, ó, ò/ auch Primärvokale und die Vokale /ì, é, è/ auch Sekundärvokale genannt (Shirafuji 1987: 95). Die unterschiedliche phonetische Realisierung der paarig auftretenden Silben trägt u.a. zur semantischen Unterscheidung bei.

(2)   /kamí/ 'oben' – /kamì/ 'göttliches Wesen'
       /mé/ 'Frau' – /mè/ 'Auge'
       /tó/ 'Eingang' – /tò/ 'Geräusch'

Im folgenden sind einige Hypothesen über die Lautwerte der paarigen Vokale zusammengestellt:

	/í/	/ì/	/é/	/è/	/ó/	/ò/
Hashimoto (1938: 72)	i	ï	e	ai oder ae	o	ö
Arisaka (1955: 446)	i	ï	e	ạe	o	ö
Oono (1955: 162 f.)	i	ï	e	ɜ	o	ö
Mabuchi (nach Shirafuji 1987: 85)	i	ịa	ịe	ɛ	uo	o

Kindaichi K. (nach Yasuda
  1982: 70)   i   ï   e   ë   o   ö
Miller (1967: 179 f.)   i   ï   e   ë   o   ö

2.2.1.2. Fünf Vokale

Die Theorie der fünf Vokale /a, i, u, e, o/ mit den Lautwerten [a, i, u, e, o] wird ebenfalls von mehreren Sprachwissenschaftlern vertreten. Hier wird die Unterscheidung ausschließlich in einer palatalen bzw. labialen Färbung der vorausgehenden abgleitenden Konsonanten vermutet. Lange (1973: 125 f.) kritisiert die Theorie der paarigen Opposition, da sie aufgrund eines negativen Beweises aufgestellt worden sei, der darauf beruhe, daß bestimmte Zeichen in bestimmten Wörtern <u>nicht</u> vorkämen.

	/í/	/ì/	/é/	/è/	/ó/	/ò/
Lange (1973: 128)	[ji]	[i]	[je]	[e]	[wo]	[o]
Kikuzawa (1935, nach						
Lange 1973: 69)	[i]	[wi]	[e]	[we]	[wo]	[o]
Matsumoto (1975, nach					bei /o/ keine	
Yasuda 1982: 71)	[i]	[ji]	[je]	[e]	lautliche Unterscheidung	
Yasuda (1972, nach						
ter- Yasuda 1982: 69)	[i]	[ui]	[e]	[ue]	[uo]	[o]

2.2.1.3. Zusammenfassung

Zusammenfassend läßt sich sagen, daß ein phonetischer Unterschied bei den paarig auftretenden Silben von allen Theorien anerkannt wird. Uneinigkeit besteht nur insoweit, als von den einen die Unterscheidung bei den Vokalen gesehen wird, von den anderen hingegen bei den vorausgehenden Konsonanten.

Dies gilt auch für die seltener vertretenen Theorien, z.B. die von Miller (1986: 198) und Hattori (1976 a, 1976 b). Miller erweitert hier seine Acht-Vokal-Theorie (siehe 2.2.1.1.), indem er nun die nicht paarig auftretenden Vokale gesondert aufführt und somit die Gesamtzahl von 11 unterschiedlichen Vokalen /a, i, ï, ï, u, e, ĕ, ë, o, ŏ, ö/ erreicht. Hattori hingegen sieht – wie bei der Fünf-Vokal-Theorie – den phonetischen Unterschied in den vorausgehenden Konsonanten, kommt jedoch im Ergebnis auf sechs verschiedene Vokale, nämlich /a, i, u, e, o^o, o^e/.

2.2.2. Konsonanten und Semivokale

Es werden 11 Konsonanten /k-g, t-d, s-z, f-b; n, m; r/ und zwei Semivokale /y, w/ unterschieden. In der Literatur ordnet man /k, t, n, m, r/ sowie /y, w/ einheitlich die Lautwerte [k, t, n, m, ɾ] sowie [j, w] zu. Die phonetische Realisierung von /f/ wird überwiegend als bilabialer Frikativ [Φ], der sich vermutlich aus einem bilabialen Plosiv [p] entwickelt hat, wiedergegeben. Daneben existieren aber auch Theorien, daß /f/ im Altjapanischen als [p], [ph] oder [pΦ] realisiert wird (Yamamoto 1973: 58). Problematisch erscheinen die Lautwerte von /s, z/. Hier findet man für /s/ die phonetischen Realisierungsmöglichkeiten [s, ts, ʃ, tʃ] sowie entsprechend für /z/ die phonetischen Realisierungsmöglichkeiten [z, dz, ʒ, dʒ] (Mabuchi 1968: 111). Dabei scheint die jeweilige Realisierung vom folgenden Vokal abhängig zu sein. So vermutet z.B. Arisaka (1936: 153) bei /sa/ die Affrikata [tsa], bei /si/ hingegen die Frikativa [si] oder [ʃi], Mabuchi (1968: 112) hingegen vermutet die einheitliche Realisierung [ʃ]. Die Lautwerte der stimmhaften Konsonanten /d, g, b/ werden einerseits mit [d, g, b] wiedergegeben, andererseits wird bei diesen Konsonanten eine Tendenz zur Nasalierung [ⁿd, ⁿg, ⁿb] nicht ausgeschlossen (JKD 1967: 30).

2.2.3. Silbenbau und Phonemkombinationen

Das altjapanische Lautsystem hat durchweg die Struktur von offenen Silben, d.h. C V oder S V, rein vokalische Silben befinden sich nur im Wortanlaut.

Die Phonemkombinationen ergeben sich aus den Konsonanten /k-g, t-d, s-z, f-b; n, m; r/, den Semivokalen /y, w/ und den Vokalen /a, í, ì, u, é, è, ó, ò/. Eine Differenzierung zwischen /í - ì/ und /é - è/ besteht nur nach den Konsonanten /k, g, f, b, m/, zwischen /ó - ò/ besteht sie nach den Konsonanten /k, g, t, d, s, z, (m), n, r/ sowie nach dem Semivokal /y/. Eine distinktive Opposition zwischen /yi/ und anlautendem /i/ sowie zwischen /wu/ und anlautendem /u/ ist nicht vorhanden.

Lange (1973: 113) vermutet einen Kehlkopfverschlußlaut /ʔ/ in Verbindung mit anlautendem /a, i, u, e, o/ aufgrund der Rekonstruktion mit Hilfe des Altchinesischen. In den weiteren Ausführungen werde ich jedoch diese Kombinationen im Interesse einer möglichst übersichtlich strukturierten Darstellung weitgehend unberücksichtigt lassen.

Palatalisierte oder labialisierte konsonantische Silbenanlaute *(yooon)*, die in der Orthographie mit Hilfe von zwei Zeichen geschrieben werden und phonetisch die Struktur [CSV] aufweisen (siehe 3.2.3.2.2.), werden in der altjapanischen Silbenstruktur nicht explizit realisiert. Aber bereits im *Nihon-shoki* (*Jindaiki* 1. Band, NKBT Bd. 67: 105) scheinen die Lesungen von /*kuwe*fararakasu/ 'wegstoßen' und /*keru*/ 'treten' sowie im *Man'yooshuu* (3754) von /*kuwa*sò/ 'Passierschein' problematisch. Sowohl bei /*kuwe*-/ und /*ke*-/ wie auch bei /*kuwa*-/ könnte die Lesung [kwe] beziehungsweise [kwa], d.h. als labialisierter konsonantischer Silbenanlaut, möglich gewesen sein (Shirafuji 1987: 88 f.). Und wenn man die Diskussion über die paarige Opposition der altjapanischen Sonderschreibweise zugrundelegt, kommt man ebenfalls zur phonetischen Struktur [CSV], indem man den Unterschied in der palatalen beziehungsweise in der labialen Färbung der vorausgehenden Konsonanten sieht (siehe 2.2.1.2.).

Auch Lautverschleifungen *(onbin)* werden bereits im Altjapanischen vermutet. Verschleifungen zu /i/ und zu /u/ *(/i/-onbin, /u/-onbin)*, die zur Folge haben, daß unterschiedliche Vokale im Inlaut aufeinanderfolgen, lassen sich bereits im *Man'yooshuu* finden (vgl. auch Beispiel (14)).

(3)   /ka*i*/ 'Ruder' (*Man'yooshuu* 2052) < /ka*di*/ (*Man'yooshuu* 4065)

/ma*u*su/ 'sagen' (bescheidene Form) (*Man'yooshuu* 4061) < /ma*wo*su/ (*Man'yooshuu* 4256)

Bei der Entwicklung des folgenden Ortsnamens wird eine Zwischenstufe vermutet, die die Verschleifung zu einem stimmlosen langen Konsonanten *(soku-onbin)* beinhaltet und zu einer geschlossenen Silbe führt. In der Inschrift eines Spiegels (vermutlich Anfang 6. Jh.) im *Suda-Hachiman*-Schrein der Präfektur Wakayama ist der Ortsname /o*si*saka/ (alter Name für das heutige Ossaka in Yamato bei Sakuraishi in der Präfektur Nara (Philippi 1968: 554 f.)) zu finden, der im *Nihonshoki* (1. Band *Jimmu*) mit /o*s*aka/ wiedergegeben wird. Als Zwischenstufe wäre die verschliffene Form */o*ss*aka/ denkbar (JKD 1967: 29).

Als Verschleifung zu einem Nasallaut *(hatsu-onbin)*, die ebenfalls eine geschlossene Silbe zur Folge hat, könnte eine Zwischenstufe wie z.B. */fu*mb*ítò/ bei der Entwicklung von /fu*mi*-fítò/ 'Schriftgelehrter' zu /fu*b*ítò/ angenommen werden (JKD 1967: 21).

2.3. Lautgesetze und Gesetze der Silbenverbindung
2.3.1. Gesetze der Silbenverbindung unter Berücksichtigung einer Art Vokalharmonie

Die Primärvokale /a, í, u, ó, ò/ lassen sich in drei Gruppen einteilen (Shirafuji 1987: 94):

Gruppe A : /a, u, ó/
Gruppe B : /ò/
Gruppe O : /í/

Vokale der Gruppe A /a, u, ó/ kommen in einer Wortwurzel gemeinsam vor:

(4)   /asóbu/ 'ausruhen'

Der Vokal der Gruppe O /í/ kann sich sowohl mit den Vokalen der Gruppe A /a, u, ó/ als auch mit dem Vokal der Gruppe B /ò/ in einer Wortwurzel befinden.

(5)   /fotòtògísu/ '(eine Art) Kuckuck'
        /mísagó/ 'Fischadler'

Der Vokal der Gruppe B /ò/ und der Vokal der Gruppe A /ó/ schließen sich in einer Wortwurzel gegenseitig aus.

(6)   /itókó/ 'ein geliebter Mensch'
        /kòtò/ 'Wort'

Außerdem kommt der Vokal der Gruppe B /ò/ mit dem Vokal der Gruppe A /a/ nur verhältnismäßig selten in einer Wortwurzel vor, mit dem Vokal der Gruppe A /u/ tritt er ebenfalls selten, wenn aber, dann immer in mehr als zweisilbigen Wortwurzeln auf (weitere Beispiele siehe Arisaka 1934: 106 f. oder Oono 1955: 170 ff.).

(7)   /tòbusa/ 'Baumwipfel'
        /fotòtògísu/ '(eine Art) Kuckuck'

Die Vokale /ì, é, è/ können den oben genannten Gruppen nicht zugeordnet werden, sie stehen aufgrund ihrer sekundären Entstehung außerhalb der Vokalharmonie (Oono 1955: 175).

Dieses Phänomen der Vokalharmonie wurde von Arisaka (1931) beschrieben, einige Zeit später (1934) als Gesetz formuliert, und es wird auch heute noch vertreten (Shirafuji 1987: 94). Lange (1973: 58) und auch Miller (1967: 196 ff.) beispielsweise bezweifeln hingegen eine Vokalharmonie, da sie im Japanischen nur innerhalb von Morphemen erkennbar wäre. Sie sind der Meinung, die Vokalharmonie werde immer wieder dazu genutzt, eine genetische Beziehung zwischen dem Japanischen und den altaischen Sprachen zu begründen ; bei letzterem wirke sie sich jedoch über die Morphemgrenze hinaus auf die folgenden Affixe aus.

2.3.2. Alternationen
2.3.2.1. Vokalalternationen
2.3.2.1.1. Vokalalternationen bei der Wortbildung

Die Vokalalternation stellt einerseits eine spezifische Erscheinung der Wortbildung bei Wortzusammensetzungen und bei Verknüpfungen von Verben mit Suffixen dar. So steht bei Nomina der isolierten Form (*roshutsukei* 'nackte Form'), z.B. /am<u>e</u>̀/ 'Regen', die Kompositaform (*hifukukei* 'bedeckte Form'), z.B. /am<u>a</u>-gasa/ 'Regenschirm', gegenüber und bei Verben der isolierten Form, z.B. /tuk<u>ì</u>/ (Basisform von /tuku/ 'sich erschöpfen') die Kompositaform /tuk<u>u</u>su/ 'erschöpfen'. Vom Standpunkt der Primär- und Sekundärvokale sowie der Vokalharmonie (siehe 2.3.1.) aus gesehen handelt es sich bei der Kompositaform, also /am<u>a</u>-gasa/ beziehungsweise /tuk<u>u</u>su/, um die ursprüngliche Form. Die isolierten Formen /am<u>e</u>̀/ beziehungsweise /tuk<u>ì</u>/ haben sich demzufolge aus /am<u>a</u>/ + x bzw. aus /tuk<u>u</u>/ + x entwickelt (Mabuchi 1968: 95). Setzt man für x den Vokal /i/ ein, so steht dies auch mit dem unter 2.2.1.1. beschriebenen Lautwandel in Einklang. Indem nun der Vokal der Kompositaform mit dem Vokal /i/ verschmilzt, entsteht der neue Vokal der isolierten Form. Folgende Gesetzmäßigkeiten werden deutlich (Arisaka 1931: 67):

Form in Komposita		isolierte Form		
/a/	/sak<u>a</u>-dukí/ 'Sake-Becher'	⟩	/è/	/sak<u>e</u>̀/ 'Reiswein'
/u/	/tuk<u>u</u>-yó/ 'Mondnacht'	⟩	/ì/	/tuk<u>ì</u>/ 'Mond, Monat'
/ò/	/k<u>ò</u>-dati/ 'Hain'	⟩	/ì/	/k<u>í</u>/ 'Baum'

2.3.2.1.2. Wortdoppelformen

Andererseits entstehen durch Vokalalternationen Wortdoppelformen, d.h. beide Wortformen werden nebeneinander gebraucht. Der häufigste Wechsel ist zwischen /a/ und /ò/ zu finden, er bezieht sich ebenfalls auf die nicht paarig unterschiedenen Silben mit /o/. Darüber hinaus kommt es zu Alternationen zwischen /u/ und /ó/ (JKD 1967: 31).

(8)   */kíkasu/* - */kíkòsu/* 'sagen; essen, trinken' (ehrerbietig)
       /tawawa/ - */tòwowo/* 'durchgebogen'
       /nu/ - */nó/* 'Feld'

2.3.2.2. Konsonantenalternationen

Für einen Konsonantenwechsel zwischen /m/ und /b/ beziehungsweise /n/ gibt es viele Beispiele.

(9)   */kemuri/* - */keburi/* 'Rauch'
       /mína/ - */nína/* (eine Schneckenart)

Auch können Synonyme wie */uu/* 'pflanzen' und */suu/* 'setzen, stellen, legen' sowie */amè/* 'Regen' und */samè/* (*/farusamè/* 'Frühlingsregen') möglicherweise auf einer Alternation zwischen dem anlautenden Knacklaut vor vokalischen Silben (siehe 2.2.3.) und /s/ beruhen (JKD 1967: 31).

2.3.3. Besonderheiten der vokalischen Silben

Vokalische Silben stehen im Altjapanischen grundsätzlich nur am Wortanfang. Einige wenige Ausnahmen sind auf die engen Vokale /i, u/ beschränkt, z.B. */kai/* 'Ruder' (*Man'yoo-shuu* 2052) und */mausu/* 'sagen' (bescheidene Form) (*Man'yoo-shuu* 4061) und beruhen möglicherweise auf frühen Lautverschleifungen (siehe 2.2.3.).

Kommt es jedoch bei Wortzusammensetzungen zur Aufeinanderfolge von Vokalen, so bestehen folgende Möglichkeiten (Shirafuji 1987: 91 ff.):

1. Zwei gleiche Vokale werden zu einem einfachen Vokal zusammengezogen.

(10)   /asana-asana/ > /asanasana/ 'allmorgendlich' (Wenck Bd. 4 1959: 67)

2. Zwei verschiedene Vokale werden entweder zu einem neuen zusammengezogen,

(11)   /saki + ari/ > /sakéri/ (Resultativ von saku 'blühen', Man'yooshuu 4231)
/taka + iti/ > /takèti/ 'hoch gelegener Markt' (Kojiki)
/ofo + isi/ > /ofìsi/ 'großer Stein' (Kojiki)

oder einer der beiden Vokale fällt weg. Dabei kann entweder der Vokal am Ende des ersten Wortes wegfallen oder der Vokal am Anfang des zweiten Wortes.

(12)   /kafa + uti/ > /kafuti/ 'innerhalb des Flußgebietes' (Man'yooshuu 4003)
/funa + ide/ > /funade/ 'das Auslaufen eines Schiffes' (Man'yooshuu 3627)

3. Ebenso kann durch einen Konsonanteneinschub die Aufeinanderfolge von zwei Vokalen verhindert werden.

(13)   /faru + amè/ > /farusamè/ 'Frühlingsregen' (Man'yooshuu 3969, vergleiche auch 2.3.2.2.)

In einigen Fällen kommt es jedoch bei Wortzusammensetzungen zur Aufeinanderfolge von Vokalen im Inlaut. Shirafuji (1987: 92 f.) vermutet, daß dies geschieht, um Verständnisschwierigkeiten vorzubeugen, die durch die Tilgung eines Vokals entstehen würden. Sieht man sich jedoch die als Beispiele angeführten Gedichte im Man'yooshuu (4081, 3537) an, so erkennt man aufgrund des zu erwartenden Versmaßes 5-7-5-7-7, daß die entsprechenden Zeilen je eine überzählige Silbe haben. Hieraus läßt sich möglicherweise schließen, daß diese beiden Vokale als Diphthonge ausgesprochen wurden oder daß einer von ihnen getilgt wurde.

(14)　　/kata-omofi/ 'einseitige Liebe' (*Man'yooshuu* 4081)
　　　　　　6 Silben anstelle von 5 Silben: /kata-omofi=wo/ 'einseitige Liebe' + Kasuspartikel
　　　　/ko-uma/ 'kleines Pferd' (*Man'yooshuu* 3537)
　　　　　　8 Silben anstelle von 7 Silben: /mugí famu ko-uma=nò/ 'wie ein Pferd, das Getreide frißt'

2.3.4. Langvokale *(chooon)*

Vereinzelt lassen sich Beispiele für Langvokale am Ende der Nara-Zeit finden. Hierbei werden an einsilbige Wörter rein vokalische Silben angefügt; z.B. wird 蚊 /kaa/ 'Mücke' im *Shin'yaku kegonkyoo ongi shiki* ('Private Aufzeichnungen zur Aussprache und Bedeutung des neu übersetzten Avatamsaka-Sutra', 795) mit den beiden *Man'yoogana* 加安 /ka - a/ geschrieben. Auch für den Ortsnamen Kii (heutiges Wakayama) ist die Schreibung mit den beiden *Man'yoogana* 紀伊 /kì - i/ zu finden (Yamamoto 1973: 57).

2.3.5. Besonderheiten des Wortanlauts

Gewöhnlich stehen die stimmhaften Konsonanten /d, g, b, z/ (*dakuon* 'getrübte Laute') nicht am Wortanfang. Als einzige Ausnahme gilt das lautmalerische Wort /bísibísi=ni/ 'schniefend' (*Man'yooshuu* 892). Auch der Konsonant /r/ ist nur bei suffigierten Morphemen und einigen wenigen sinojapanischen Wörtern im Anlaut zu finden (Shirafuji 1987: 97).

(15) Partikeladjektiv */=rasi/* (drückt einen Anschein aus) */rokuro/* 'Töpferscheibe'

2.3.6. Verstimmhaftung in Komposita *(rendaku)*

Bei Wortzusammensetzungen kommt es häufig zu einer Verstimmhaftung des anlautenden Konsonanten des zweiten Wortes. Sie erfolgt jedoch nicht zwangsläufig, und ihre Entstehung ist noch zweifelhaft (Nakada 1972: 28).

(16) */fasi + tuma/* > */fasiduma/* 'die reizende Ehefrau'

2.4. Lautwandel
2.4.1. Aufgabe der altjapanischen Sonderschreibweise und Zunahme der Lautverschleifungen

Im Laufe der Nara-Zeit kommt es nach und nach zur Aufgabe der paarigen Opposition. Nachdem die letzten paarigen Oppositionen der Silben /ko, go/, die im Zeichenwörterbuch *Shinsen jikyoo* ('Zeichenspiegel, neu ausgewählt', entstanden Ende des 9./Anfang des 10. Jahrhunderts) noch unterschieden werden (Arisaka 1937: 131 ff.), zu Beginn der Heian-Zeit aufgegeben werden, existiert die altjapanische Sonderschreibweise nicht mehr.

Die Lautverschleifungen, die sich für das Altjapanische in nur geringem Umfang nachweisen lassen (siehe 2.2.3.), nehmen gegen Ende der Nara-Zeit und insbesondere im Laufe der Heian-Zeit durch den zunehmenden Einfluß des chinesischen Vokabulars erheblich zu (JKD 1967: 21).

2.4.2. Lautwandel des /f/ *(ha-gyoo tenkoon)*

Der sogenannte Lautwandel des /f/, in dessen Folge das /f/ außer am Wortanfang zu /w/ wird, läßt sich bereits im

Man'yooshuu belegen im Falle des Ortsnamens 潤和川 */uruwa-kafa/* (2478), der auch als 閏八川 */urufa-kafa/* (2754) zu finden ist. Darüber hinaus gibt es im *Man'yooshuu* Beispiele wie 杲鳥 */kawotori/* (unbekannter Vogel, 1823) und 在杲石 */arigawosi/* 'bleiben wollen' (1059), bei denen man das Zeichen 杲 , das */kawo/* gelesen wird (MC: *kâu*), statt des zu erwartenden 'korrekten' */kafo/*, d.h. */kafotori/* beziehungsweise */arigafosi/* findet. Eigentlich hätte die sinojapanische Lesung dieses Zeichens mit */kau/* wiedergegeben werden müssen; daß sie aber von */kau/* zu */kawo/* wurde, vermutet man aufgrund von parallelen Entwicklungen im Zeichenwörterbuch *Shinsen jikyoo*, z.B. bei 簫 */seu/* (MC: *seu*, ein Flöteninstrument), und im chinesisch-japanischen Sachgruppenwörterbuch *Wamyoo ruijushoo* ('Auswahl japanischer Wörter, geordnet nach Kategorien' abgekürzt *Wamyooshoo*, 931–934), z.B. bei 襖 */au/* (MC: *au*) 'Jacke', wobei die sinojapanische Lesung von */seu/* zu */sewo/* und von */au/* zu */awo/* wurde (Nakada 1972: 28).

3. Klassischjapanisch: Helan-Zeit (794–1185)

Nachdem Nagaoka von 784 bis 794 vorübergehend als Hauptstadt gedient hat, wird 794 Heiankyoo (heutiges Kyooto) bis 1868 zur Hauptstadt und somit auch zum Zentrum Japans. Das Klassischjapanisch baut demzufolge auf dem Kyooto-Dialekt auf. Kulturtragende Schicht ist wiederum die höfische Adelsklasse der Hauptstadt. Die typische Form des Klassischjapanischen ist die Kyooto-Sprache der mittleren Heian-Zeit, d.h. die des 10. und frühen 11. Jahrhunderts. Als Quellenmaterial ist besonders das *Zaitooki* ('Bericht über den Aufenthalt in Tang-China' von 838-847, auch *Nitto guboo junrai kooki*) des Mönchs Ennin hervorzuheben, das Vergleiche japanischer und chinesischer Laute mit Hilfe von Sanskritlauten enthält. Hinzu kommen japanische Literatur (*wabun*) wie Prosa, Tagebücher und Gedichte vorwiegend in *Hiragana* (siehe 3.1.1.), die zum überwiegenden Teil von den höfischen Frauen verfaßt wurden, z.B. das *Genji-Monogatari* ('Erzählungen über den Prinzen Genji', Anfang des 11. Jahrhunderts) und das von einem Mann, dem ehemaligen Gouverneur von Tosa, verfaßte *Tosa-Nikki* ('Tagebuch aus Tosa', 935), sowie die sogenannten Glossentexte (*kunten shiryoo*), in denen die Lesungen chinesischer Texte (*kanbun*) mit Hilfe von Notationen (*kunten*) sichergestellt werden.

Der verstärkte Kontakt zwischen Japan und China in der Heian-Zeit, insbesondere auf kulturellem, wissenschaftlichem und religiösem Gebiet, führt durch die Übernahme chinesischer Lehnwörter zur Anreicherung des sinojapanischen Vokabulars. Die sinojapanische Aussprache übt einen starken Einfluß auf das Lautsystem der japanischen Sprache aus. So kommt es auf dem Gebiet der Phonologie zu der, im nachhinein betrachtet, größten Änderung in der gesamten japanischen Lautgeschichte, während die Grammatik des Klassischjapanischen sich gegenüber der des Altjapanischen nur in geringem Ausmaß ändert. Die beiden wesentlichen Veränderungen stellen der Wandel in der graphischen Darstellung, d.h. die endgültige Aufgabe der altjapanischen Sonderschreibweise, und die erhebliche Zunahme der Lautverschleifungen dar.

Die mittelchinesischen Lesungen (MC) habe ich dem *Koo kanwa jiten* (Morohashi 1981) und die japanischen Beispiele dem *Iwanami kogo jiten* (IKJ) entnommen; hiervon abweichende Quellen sind jeweils benannt. Die Angaben bei den Beispielen aus dem *Genji-Monogatari* beziehen sich auf die Ausgabe *Nihon koten bungaku taikei* (NKBT, 1958-1963) und bezeichnen in dieser Reihenfolge Kapitel, Band, Seite und Zeile.

3.1. Entwicklung der *Kana*-Alphabete

Die teilweise recht komplizierten chinesischen Schriftzeichen, die *Man'yoogana* (auch *mana* 'wirkliche Schriftzeichen', siehe 2.1.), unterliegen im 9. Jahrhundert durch ihre ständige Verwendung starken Verkürzungs- und Verschleifungstendenzen. Hieraus entwickeln sich die beiden *Kana*-Alphabete (ausführlicher bei Müller-Yokota 1987: 16 ff. und Lewin 1959: 23 ff.).

Bemerkenswert ist hierbei, daß die Unterscheidung zwischen den stimmlosen Konsonanten /t, k, f, s/ und den stimmhaften Konsonanten /d, g, b, z/, die die *Man'yoogana* noch vorgenommen haben, in der Orthographie der *Kana* verlorengeht. Anfang des 11. Jahrhunderts kommt es dann erneut zunächst im Bereich der Lautfixierung von chinesischen Wörtern zur Verwendung von diakritischen Zeichen (*dakuten, nigoriten* oder *dakuonpu* 'Trübungszeichen') zur Kennzeichnung der stimmhaften Konsonanten /d, g, b, z/.

3.1.1. Die *Katakana*

Im 9. Jahrhundert entwickelt sich eine Silbenschrift, die *Katakana*, bei der für die einzelnen Silbenzeichen aus den

Vollformen der jeweils zugrundeliegenden chinesischen Wortschrift charakteristische Teile herausgenommen werden ('teilweise entlehnte Schriftzeichen') (Müller-Yokota 1987: 23). Die *Katakana* mit ihren Varianten (*itaigana* 'entlehnte Zeichen unterschiedlicher Gestalt') dient als Hilfsschrift für die Glossierung chinesisch geschriebener buddhistischer Texte und wird somit überwiegend von Männern, insbesondere von Mönchen und Priestern, benutzt. Eine darüber hinausgehende Verwendung der *Katakana* erfolgt erst ab dem späten Klassischjapanisch.

3.1.2. Die *Hiragana*

Durch starke Verschleifung bei der Schreibung der chinesischen Zeichen entwickelt sich ab dem späten 9. Jahrhundert ein zweites Silbenalphabet, das ursprünglich nur von Frauen benutzt und aus diesem Grunde *onnade, onnaji* oder *onnamoji* 'Frauenschrift' genannt wird. Der heute übliche Name *Hiragana* (kursive Silbenschrift, 'vollständig entlehnte Schriftzeichen') kommt erst zu Beginn des 17. Jahrhunderts auf (Müller-Yokota 1987: 17). Bei diesem Silbenalphabet stehen wiederum für den Lautwert einer bestimmten Silbe mehrere verkürzte Formen als Varianten (*hentaigana* 'entlehnte Zeichen abweichender Gestalt') zur Verfügung.

3.1.3. Darstellung der *Kana*-Silben

Die in Gebrauch befindlichen *Kana*-Silben werden in Merkversen und Gedichten zusammengestellt und überliefert. Sie dienen als Vorlage beim Erlernen der *Kana*-Zeichen.

3.1.3.1. *Ametsuchi-kotoba*

Das *Ametsuchi-kotoba* ist ein Merkvers der frühen Heian-Zeit, der aus 48 verschiedenen *Kana*-Silben besteht. Addiert man die Silben mit den entsprechend stimmhaft anlautenden Konsonanten /d, g, b, z/, so erhält man die Gesamtzahl von 68 Sprechsilben. Dieses System der 68 verschiedenen Sprechsilben ist nur knapp 100 Jahre lang, von ca. 860 bis ca. 950, gültig.

> *ame* 'Himmel', *tuti* 'Erde', *fosi* 'Stern', *sora* 'Himmel', *yama* 'Berg', *kafa* 'Fluß', *mine* 'Gipfel', *tani* 'Tal', *kumo* 'Wolke', *kiri* 'Nebel', *muro* 'Höhle', *koke* 'Moos', *fito* 'Mensch', *inu* 'Hund', *ufe* 'Oberseite', *suwe* 'Ende', *yuwa* 'Schwefel', *saru* 'Affe', *ofu se=yo* 'wachsen' + Vokalstamm von *su* 'tun, machen' + Partikel des Ausrufs, 榎の枝を *e=no ye=wo* 'Zweige des chinesischen Zürgelbaumes' + Kasuspartikel, *nare wite* von *nareru* 'gewöhnt sein' + Partizip (vergleiche Anmerkung 3.2.3.1.) von *wiru* 'sein' (Satoo 1980: 19)

Nakada geht dagegen bei den letzten acht Silben des *Ametsuchi-kotoba* von 良箆 /yeno/ 'guter Bambus für Pfeilschäfte', 愛男 /ewo/ 'liebenswerter Mann' (vergleiche IKJ 1974: 197, Präfix /e/), /nare/ 'du', /wite/ 'Damm' aus; Mabuchi nimmt für /ye/ 江 'Bucht' und für /no/ 野 'Feld' an (Satoo 1980: 19).

Auffallend ist, daß die unterschiedlichen Interpretationen sich auf die Wörter mit /e/ und /ye/ konzentrieren. Dies kann bereits als Hinweis auf die darauf folgende Aufhebung der distinktiven Opposition zwischen diesen beiden Silben verstanden werden.

3.1.3.2. *Taini-uta*

Das *Taini-uta* entsteht 970 als weiterer Merkvers in Form eines Gedichtes. Die Gesamtzahl der aufgelisteten *Kana*-Silben beträgt nur noch 47 als Folge der vereinheitlichten Realisierung von anlautendem /e/ und /ye/ als [je] um 950 (siehe 3.4.2.1.). Die Gesamtzahl der Sprechsilben verringert sich somit auf 67.

tawi=ni ide, na tumu ware wo zo
kimi mesu=to, asari ofiyuku
yamasiro=no utiweferu kora
mo=fa fose=yo yefune kakenu

'Auch wenn der Fürst mich, der ich draußen auf den Feldern Gemüse ernte, ruft, trocknet den Seetang, ihr Nahrung suchenden, trunkenen (?) Leute von Yamashiro! Die Boote werde ich ganz festmachen(?).'
(Bedeutung unsicher; vgl. auch Müller-Yokota 1987: 37)

3.1.3.3. *Iroha-uta*

Das *Iroha-uta* enthält ebenfalls 47 *Kana*-Silben und dürfte kurz nach dem *Taini-uta* entstandten sein. Es ist ein Gedicht mit buddhistischem Inhalt, das – im Gegensatz zu den beiden vorausgegangenen Merkversen – leicht zu behalten ist. Deshalb erfreut es sich sogleich größter Beliebtheit und bleibt bis ins 20. Jahrhundert ein beliebtes Ordnungsschema, das sogar noch heute Verwendung findet. Das System der 47 *Kana*-Silben ist hingegen nur für den kurzen Zeitraum von 970 bis ungefähr 1000 gültig.

iro=fa nifofe=do tirinuru=wo
wa=ga yo tare=zo tune=naramu
uwi=no okuyama kefu koyete
asaki yume mizi wefi=mo sezu

'Obwohl (ihre) Farben (noch) frisch sind, sind sie, ach, (schon) abgefallen! Wer denn in unserer Welt besteht ewig? Den tiefen Berg der Existenzen habe ich heute überschritten, sehe keine seichten Träume (mehr) (und) bin auch nicht (mehr) trunken.'
(Müller-Yokota 1987: 39)

3.1.3.4. Zeit der 66 Sprechsilben

Ab ca. 1050 werden anlautendes /o/ und /wo/ einheitlich als [wo] realisiert (siehe 3.4.2.2.), so daß sich die 67 Sprechsilben um eine verringern und somit 66 betragen. Dieser Standard ist am Ende der Heian-Zeit, insbesondere während der Insei-Zeit (1086-1185), d.h. gut ein Jahrhundert lang, gültig.

3.1.3.5. 50-Laute-Tafel *(gojuuon-zu)*

Das auch heute noch gebräuchliche Ordnungsschema der 50-Laute-Tafel basiert auf der Anordnung der Laute des Sanskrit und ist im Zusammenhang mit dem Buddhismus von den Mönchen auf das Japanische übertragen worden. Die älteste noch vorhandene Tabelle ist in dem *Kujakukyoo ongi* ('Aussprache und Bedeutung des Pfauen-Sutra') vom Beginn des 11. Jahrhunderts überliefert (KEJ 1983, Bd. 3: 40). Man erstellt eine Tabelle, bei der die horizontalen Stufen (*dan*) durch die Vokale und die vertikal geschriebenen Zeilen (*gyoo*) durch die Konsonanten gebildet werden; es ergeben sich 50 Kombinationsmöglichkeiten, von denen allerdings /yi/ und /wu/ auch schon im Altjapanischen nicht mehr besetzt sind (Müller-Yokota 1987: 40).

a	ka	sa	ta	na	fa	ma	ya	ra	wa
i	ki	si	ti	ni	fi	mi		ri	wi
u	ku	su	tu	nu	fu	mu	yu	ru	
e	ke	se	te	ne	fe	me	ye	re	we
o	ko	so	to	no	fo	mo	yo	ro	wo

3.2. Phoneme
3.2.1. Vokale des Japanischen *(wago)* und des Sinojapanischen *(kango)*

Nach der Aufgabe der letzten paarigen Opposition bei den Silben /ko, go/ zu Beginn der Heian-Zeit sind im Klassisch-japanischen nur noch die fünf Vokale /a, i, u, e, o/ vorhanden. Bei ihrer phonetischen Realisierung geht man - unter anderem aufgrund des *Zaitooki* von Ennin - davon aus, daß sie den Lautwerten [a, i, u, e, o] entsprechen (Tsukishima 1980: 791). Folgt der Nasal /m/, läßt sich bei /u/ auch eine Nasalierung [ũ] erkennen (Tsukishima 1987: 150). So wird bis zum Ende des 9. Jahrhunderts z.B. */uma/* 'Pferd' überwiegend mit anlautendem /u/, im *Tosa-Nikki* hingegen durchweg mit /mu/ geschrieben (TN 1967: 188). In der Mitte der Heian-Zeit scheint dies eine allgemein gültige Erscheinung zu sein, die sich jedoch wieder rückläufig entwickelt.

3.2.2. Konsonanten und Semivokale
3.2.2.1. Konsonanten und Semivokale des Japanischen

Es werden 11 Konsonanten /k-g, t-d, s-z, f-b; n, m; r/ und zwei Semivokale /y, w/ unterschieden; in der Literatur ordnet man /k, g, t, d f, b; n, m; r/ sowie /y, w/ einheitlich die Lautwerte [k, g, t, d, Φ, b; n, m; ɾ] sowie [j, w] zu. Problematisch erscheinen die Lautwerte von /s, z/. Hier findet man für /s/ die phonetischen Realisierungsmöglichkeiten [s, ts, ʃ, tʃ] sowie entsprechend für /z/ die phonetischen Realisierungsmöglichkeiten [z, dz, ʒ, dʒ] (NHD 1988: 79). Nur für die Verbindung von /s, z/ mit /a/ gilt die phonetische Realisierung [tsa, dza] als gesichert (Tsukishima 1980: 791). Doi (1957: 119) hingegen nimmt ausschließlich [ʃ] an; Miller (1967: 202) geht durchgehend von der phonetischen Realisierung als [s] aus, schließt aber die Möglichkeit der phonetischen Realisierung als [ʃ] vor /i, e/ nicht aus.

3.2.2.2. Konsonanten und Semivokale des Sinojapanischen

Im Sinojapanischen kommen zu den 11 oben genannten Konsonanten und den beiden Semivokalen des Japanischen noch die beiden Konsonanten /p, ŋ/ mit ihrer phonetischen Realisierung [p, ŋ] hinzu (Rickmeyer 1986: 4).

3.2.3. Silbenbau und Phonemkombinationen
3.2.3.1. Silbenbau und Phonemkombinationen des Japanischen

Der Silbenbau des Klassischjapanischen hat die Struktur (C_1) V (C_2) oder S V (C_2). Die Ausbreitung der Lautverschleifungen (siehe 3.3.1.3. und 3.3.1.4.) führt einerseits zu geschlossenen Silben. Der Silbenauslaut C_2, der aus C + V hervorgeht, kann nur aus den Konsonanten /t, n, m/ bestehen, wobei /t, n/ nur innerhalb und /m/ auch am Ende eines Wortes vorkommen können (Rickmeyer 1986: 4).

(17)   /mo<u>ti</u>.te/ > /mo<u>tt</u>e/ (Partizip* von /motu/ 'halten')
    /na<u>ri</u>.nu/ > /na<u>nn</u>u/ 'nicht werden'
    /yo<u>mi</u>.te/ > /yo<u>md</u>e/ (Partizip* von /yomu/ 'lesen')
    /ar.a<u>mu</u>/ > /ara<u>m</u>/ 'könnte sein' (TN 1967: 309)

*Auf Anregung von Rickmeyer wird, abweichend von dessen bisheriger terminologischer Einordnung (1985: 32), das auf das perfektive Suffixverb /-t.u/ zurückgehende /-*Te*/ als Suffixadverb ('Partizip') behandelt, da es eine Sonderstellung einnimmt: nur in bestimmten Kontexten ist es als Basisform des Suffixverbs /-*t.u*/ einzuordnen, ansonsten, insbesondere dann, wenn das betreffende Verb mit dem Suffixverb /-*t.u*/ gar nicht vorkommt, ist es als Suffixadverb anzusehen; so gibt es z.B. die Form /*motte*/, die Form */*mottu*/ hingegen existiert nicht.

Andererseits nimmt durch die Lautverschleifungen zu /i/ und /u/ (siehe 3.3.1.1. und 3.3.1.2.) die im Altjapanischen bestehende Abneigung gegen Vokalaufeinanderfolgen ab und führt zu rein vokalischen Silben auch im Inlaut.

(18)   /omo*fi*/ > /omo*u*/ (Basis von /*omofu*/ 'denken')

3.2.3.2. Silbenbau und Phonemkombinationen des Sinojapanischen

Der Silbenbau des Sinojapanischen hat die Struktur (C_1) (S) V (C_2) oder (C_1) V_1 V_2. Im Silbenauslaut C_2 können nur die Nasale (*hatsuon*) /n, m, ŋ/ sowie die Implosive, (im Sinne von nicht entspannten stimmlosen Plosiven, *nisshooon*) /p, t, k/ stehen (Rickmeyer 1986: 4). Der Semivokal /y/ kann im Sinojapanischen nun auch nach allen Konsonanten - mit Ausnahme des Silbenschlußnasals /ŋ/ - stehen, der Semivokal /w/ hingegen nur nach /k/ und /g/.

3.2.3.2.1. Silbenauslaute des Sinojapanischen

Die Silbenauslaute /n, m, ŋ/ und /p, t, k/ lassen sich bereits in der Nara-Zeit bei zweisilbigen *Man'yoogana* aufgrund der mittelchinesischen Aussprache vermuten (JKD 1967: 891 ff.).

30

(19)   Silbenschlußnasale:
/-n/ : 君 *kuni* ≙ /ku*n*/ ⟨ MC *kï̯n*
/-m/: 三 *samu* ≙ /sa*m*/ ⟨ MC *sâm*
/-ŋ/ : 興 *kogo* ≙ /ko*ŋ*/ ⟨ MC *xïaŋ*

Implosive im Silbenauslaut:
/-p/: 法 *fafu* ≙ /fa*p*/ ⟨ MC *pï̯ʌp*
/-t/: 物 *moti* ≙ /mo*t*/ ⟨ MC *mï̯t*
/-k/: 菊 *kuku* ≙ /ku*k*/ ⟨ MC *kï̯Q*

In der Heian-Zeit sind diese Silbenauslaute dann durch die
Übernahme chinesischer Wörter weit verbreitet. Obwohl ihre
schriftliche Darstellung je nach Quelle recht unterschiedlich
ist, lassen sie sich wiederum aufgrund der mittelchinesischen
Aussprache erschließen (Beispiele aus Tsukishima 1969: 411 ff.
und Numoto 1968: 133).

(20)   Silbenschlußnasale:
/-n/ : 昆 *koni* ≙ /ko*n*/ 'vermengen' ⟨ MC *kuən*
/-n/ : 允 *wii* ≙ /wi*n*/ 'wirklich' ⟨ MC *jiuen*
/-m/: 感 *kamu* ≙ /ka*m*/ 'Gefühl' ⟨ MC *kam*
/-m/: 林檎 *riukou* ≙ /ri*m*kom/ 'Apfel' ⟨ MC *li̯amg'i̯am*
/-ŋ/ : 盲 *mau* ≙ /ma*ŋ*/ 'blind' ⟨ MC *maŋ*
/-ŋ/ : 刑 *kei* ≙ /ke*ŋ*/ 'Strafe' ⟨ MC *ɣeŋ*

Implosive im Silbenauslaut:
/-t/: 切 *seti* ≙ /se*t*/ 'schneiden' ⟨ MC *ts'et*
/-k/: 消息 *seusoko* ≙ /seuso*k*/ 'Brief' ⟨ MC *si̯ausi̯ak*
/-p/: 雑 *safu* ≙ /sa*p*/ 'vermischen' ⟨ MC *dz'əp*

Ob den Implosiven im Silbenauslaut /p, k/ bei der Aussprache ein Vokal folgt oder nicht, ist nicht sicher; bei /t/
hingegen geht man davon aus, daß er seiner ursprünglichen
Aussprache entspricht und erst in der Edo-Zeit (siehe 5.4.2.)
generell zu der offenen Silbe /tu/ wird (Tsukishima 1980: 791).

3.2.3.2.2. Palatalisierte und labialisierte konsonantische Silbenanlaute *(yooon)*

Palatalisierte *(kaiyooon)* und labialisierte *(gooyooon)* konsonantische Silbenanlaute werden durch die Übernahme chinesischer Wörter im Sinojapanischen im Laufe der Heian-Zeit allgemein gebräuchlich. In der japanischen Sprachforschung bestehen noch Meinungsverschiedenheiten bei der Definition dieser Silbenanlaute. Es werden zwei Auffassungen vertreten (OD 1976: 796):

In der traditionellen japanischen Sprachwissenschaft wird **eine** palatalisierte oder labialisierte konsonantische Silbe mit Hilfe von **zwei** *Kana*-Silben geschrieben. Zur Schreibung der labialisierten konsonantischen Silbenanlaute werden die *Kana*-Silben /ku, gu/ verwendet, denen der Semivokal /w/ in Verbindung mit den Vokalen /a, e, i/ folgt; für die palatalisierten konsonantischen Silbenanlaute werden die *Kana*-Silben /ki, si, ti, ni, fi, mi, ri, gi, zi, di, bi/ verwendet, denen der Semivokal /y/ in Verbindung mit den Vokalen /a, o, u/ folgt.

(21)   kuwa ≙ /kwa/
       kiya ≙ /kya/
       siya ≙ /sya/

Die andere Meinung beruht auf einer phonetischen Interpretation. In der Phonetik werden palatalisierte und labialisierte konsonantische Silbenanlaute der phonetischen Struktur [Konsonant + Gleitlaut + Vokal] zugeschrieben. Demzufolge fallen die palatalisierten konsonantischen Silbenanlaute mit /s, t, z, d/, obwohl sie mit **zwei** *Kana*-Silben geschrieben werden, nicht unter diese Definition, da ihnen in der phonetischen Struktur der Gleitlaut fehlt.

(22)   siya ≙ /sya/ - [ʃa]   ziya ≙ /zya/ - [ʒa]
      tiya ≙ /tya/ - [tʃa]   diya ≙ /dya/ - [dʒa]

So lassen sich beispielsweise im *Genji-Monogatari* ziemlich viele Beispiele für palatalisierte und labialisierte konsonantische Silbenanlaute finden, bei denen es sich jedoch ausschließlich um chinesische Wörter handelt (OD 1976: 796).

(23) 鏡台 /<u>ky</u>audai/ 'Frisiertisch' < MC *ki̯angtai*
　　　官人 /<u>kw</u>annin/ 'Beamter' < MC *kuânńi̯en*
　　　眷属 /<u>kw</u>enzoku/ 'Sippe' < MC *ki̯uanźi̯ʌQ*

Als einziges japanisches Wort mit einem labialisierten konsonantischen Silbenanlaut gilt das Verb /<u>kw</u>eru/ 'treten' (Lange 1973: 29).

3.3. Lautgesetze und Gesetze der Silbenverbindung
3.3.1. Lautverschleifungen *(onbin)*

Lautverschleifungen entstehen in der Regel an einer Nahtstelle enger Wortverbindungen, d.h. an einer änderungsanfälligen Stelle, und führen zu Silbenverkürzungen (Wenck 1959: 122).

Im Altjapanischen lassen sich vereinzelte Beispiele für Lautverschleifungen vermuten, sie sind jedoch äußerst selten (siehe 2.2.3.). Im Klassischjapanischen entwickeln sie sich durch den Einfluß des Sinojapanischen zur allgemeinen Gebräuchlichkeit. Hieraus ergibt sich eine neue Silbenstruktur. Die Verschleifungen zu /i/ (/i/-*onbin*) und die Verschleifungen zu /u/ (/u/-*onbin*) führen zu vokalischen Silben auch im Inlaut. Die Verschleifungen zu stimmlosen langen Konsonanten (*soku-onbin*) und die Verschleifungen zu Silbenschlußnasalen (*hatsu-onbin*) entstehen etwas später und haben geschlossene Silben zur Folge. So sind beispielsweise im *Genji-Monogatari* Verschleifungen zu langen Konsonanten nicht explizit aufgezeichnet, und für die Verschleifung zu einem Nasallaut läßt sich als einziges Beispiel /to<u>m</u>de/ (Partizip von /tobu/ 'fliegen', *Genji, Maboroshi* 4, 211, 15) vermuten (Iwai 1976: 7, 24 f.).

Lautverschleifungen beginnen meistens wortindividuell und enden häufig, über grammatisch regelmäßige Verbindungen, bei morphologischen Verallgemeinerungen (Sandhi).

3.3.1.1. Lautverschleifungen zu /i/ (/i/-onbin)

Ab dem 9. Jahrhundert lassen sich wortindividuelle Beispiele finden, bei denen /ki, gi, si/ zu /i/ verschliffen werden.

(24) /tuki-kaki/ > /tui-kaki/ 'Wall' (*Konjaku* 29, 28, NKBT Bd. 26: 186)
/tagima/ > /taima/ (zunächst ein Ortsname, dann auch ein Familienname) (WRS 1968 Bd. 1: 798).
/asita (no) tokoro/ > /aita-dokoro/ 'morgens' (Matsumura 1968: 156)

Die Verschleifungen zu /i/ bei Suffigierungsprozessen der konsonantischen Verben auf /k, g/, die im Mitteljapanischen schließlich zur morphologischen Veränderung bei diesen Verben führen, treten ebenfalls ab dem 9. Jahrhundert auf. Ab dem 10. Jahrhundert kommen die konsonantischen Verben auf /s/ hinzu (Tsukishima 1980: 791).

(25) /naki-tamafu/ > /nai-tamafu/ (von /naku/ 'weinen' + Ehrerbietung) (*Genji, Kiritsubo* 1, 34, 15)
/tugi.te/ > /tuide/ 'folgend' (GMJ 1957: 521)
/magirafasi-tamaferu/ > /magirafai-tamaferu/ (von /magirafasu/ 'durchmogeln' + Ehrerbietung) (*Genji, Otome* 2, 316, 3)

Auch bei den Adjektiven treten Verschleifungen der Adnominalform /ki/ zu /i/ auf, die ebenfalls im Mitteljapanischen letztendlich zu der noch heute gültigen Form führen.

(26) /rautaki/ > /rautai/ 'mitleiderregend' (*Genji, Makibashira* 3, 121, 1)

/natukasi_ki_/ > /natukasi_i_/ 'woran man hängt; geliebt'
(*Genji, Kochoo* 2, 412, 4)

3.3.1.2. Lautverschleifungen zu /u/ (/u/-onbin)

In der Heian-Zeit werden u.a. /ku, wi, gu, ga, fi/ zu /u/ verschliffen.

(27) /yaku_yaku/ > /ya_u_yaku/ 'allmählich'
*/ma_wi_-ide/ > /ma_wi_de/ > /mau_de/ 'ausgehen'
/ka_gu_fasi/ > /ka_u_basi/ 'wohlriechend' (GMJ 1957: 194)
/ka_ga_furi/ > /ka_u_buri/ 'Kopfbedeckung' (GMJ 1957: 194)
/waka_fi_to/ > /waka_u_do/ 'junger Mensch' (GMJ 1957: 847)

Im *Genji-Monogatari* kommt es häufig zur Verschleifung von /fi/ zu /u/ bei Suffigierungsprozessen zwischen den beiden Verben /omofu/ 'denken' und /tamafu/ (bezeichnet als Vc Ehrerbietigkeit, als Ve Bescheidenheit) (Iwai 1976: 25).

(28) /omo_fi_/ > /omo_u_-tamafe=nagara/ 'obwohl (jemand) denkt' (*Genji, Kiritsubo* 1, 37, 7)
/tama_fi_/ > /tati-tama_u_te/ (Partizip von /tati-tamafu/ 'aufstehen') (*Genji, Yuugiri* 4, 128, 6)

Die Silben /bi, mi/ können ebenfalls vor einem Dental zu einem /u/ verschliffen werden; allerdings handelt es sich hierbei um ein nasaliertes [ũ], das später zu dem Silbenschlußnasel /ń/ wechselt (siehe auch 3.3.1.3.) (Miller 1967: 204).

(29) /to_bi_.te/ > /toũde/ (Partizip von /tobu/ 'fliegen')
/mo_mi_.te/ > /moũde/ (Partizip von /momu/ 'kneten')

Bei den Adjektiven wird das Adverbial /ku/ oft zu /u/ verschliffen (Iwai 1976: 107).

(30) */fayaku/* > */fayau/* (von A₀ */fayasi/* 'früh') (*Genji,
Yuugiri* 4, 155, 13)
/fisasiku/ > */fisasiu/* (von Aₛᵢ */fisasi/* 'lange Zeit
dauern) (*Genji, Kiritsubo* 1, 41, 4)

3.3.1.3. Lautverschleifungen zu Silbenschlußnasalen *(hatsu-onbin)*

Bei Verschleifungen zu Silbenschlußnasalen wird in der
Heian-Zeit bis zur Mitte der Kamakura-Zeit zwischen dem
dentalen Silbenschlußnasal /n/ und dem labialen Silbenschlußnasal /m/ unterschieden. /ni, ri/ werden zu /n/ verschliffen.
(Tsukishima 1987: 123). /fi, bi, mi, fe/ werden zu /m/ verschliffen (Tsukishima 1987: 125).

(31) */nani semu/* > */nan semu/* 'was soll ich tun?' (Tsukishima 1987: 123)
/nari.nu/ > */nannu/* '(etwas) ist geworden' (Tsukishima
1987: 124)
/sitagafi.te/ > */sitagamde/* (Partizip von */sitagafu/*
'ergeben sein') (Tsukishima 1987: 125)
/tobi.te/ > */tomde/* (Partizip von */tobu/* 'fliegen' (*Genji,
Maboroshi* 4, 211, 15)
/yomi.taru/ > */yomdaru/* 'gelesen' (TN 1967: 200)
/tukafe-maturu/ > */tukam-maturu/* 'dienen' (bescheidene Form) (Tsukishima 1987: 125)

3.3.1.4. Lautverschleifungen zu stimmlosen langen Konsonanten *(soku-onbin)*

Ab der Heian-Zeit treten Lautverschleifungen bei /ti, ri, fi/
zu stimmlosen langen Konsonanten auf (Miller 1967: 203).

(32) */ayamati.te/* > */ayamatte/* (Partizip von */ayamatu/*
'verwechseln') (Tsukishima 1987: 127)

/wata_ri_.te/ > /wata_tte_/ (Partizip von /wataru/ 'überschreiten') (Tsukishima 1987: 127)

/taka_fi_.te/ > /tatakatte/ (Partizip von /tatakafu/ 'kämpfen') (Miller 1967: 203)

3.3.2. Vokal- und Konsonantenalternationen

Einerseits kommt es zu Vokalalternationen zwischen /a/ und /o/, zwischen /i/ und /u/ sowie häufig zwischen /u/ und /o/ (Tsukishima 1987: 150 ff.).

(33)   /_ana_/ - /_ono_/ 'ich'
/_i_me/ - /y_u_me/ 'Traum'
/iduk_o_/ (Matsumura 1968: 38) - /iduk_u_/ (Matsumura 1968: 34) 'wo'

Andererseits sind Konsonantenalternationen zwischen /m/ und /b/ bzw. /n/ zu beobachten (Tsukishima 1987: 144 f.). Es könnte sich bei letzterem jedoch auch um eine Assimilation von /m/ vor /i/ zu /n/ handeln.

(34)   /era_m_u/ - /era_b_u/ 'auswählen'
/_n_ira/ - /_m_ira/ (eine Gemüseart)

3.3.3. Langvokale *(chooon)*

In der Heian-Zeit enden alle einsilbigen Wörter, die auf Vokale auslauten mit Langvokalen (vergleiche hierzu NKD 1972-1976, Bd. 1: Einleitung S. 9).

(35)   /k_oo_/ 'Kind'
/k_ii_/ 'Baum'
/k_ee_/ 'Haar'
/k_aa_/ 'Mücke' (NKD 1972-1976 Bd. 4: 191)

3.3.4. Veränderungen am Wortanlaut

Der Einfluß des sinojapanischen Vokabulars führt zu erheblicher Zunahme der stimmhaften Konsonanten /d, g, b, z/ und des Konsonanten /r/ am Wortanfang.

(36) /_daiji/ 'wichtige Angelegenheit'
    /_gaku/ 'Musik'
    /_ban/ 'Teller'
    /_zifu/ 'zehn'
    /_rainen/ 'kommendes Jahr'

Der Wegfall der Vokale /i/ und /u/ am Wortanfang hat auch bei japanischen Wörtern stimmhafte Konsonanten im Anlaut zur Folge, zum Teil mit gleichzeitigem Vokalwechsel von /u/ zu /o/ (Miller 1967: 201 f.).

(37) /_idure/ > /_dore/ 'welches'
    /_ubafu/ > /_bafu/ 'rauben'

3.3.5. Überziehen von Auslautkonsonanten *(renjoo)*

Wenn den sinojapanischen Silbenschlußkonsonanten /n, m, t/ als Silbenanlaute die Semivokale /y, w/ folgen, so ändern sich diese Silbenanlaute je nach Silbenauslaut in /n, m, t/ (Nakada 1972: 29).

$$\begin{bmatrix} -n \\ -m \\ -t \end{bmatrix} + \left\{ \begin{matrix} y- \\ w- \end{matrix} \right\} > \begin{bmatrix} -nn- \\ -mm- \\ -tt- \end{bmatrix}$$

(38) 因縁 /in.yen/ > /innen/ 'Karma' < MC *ien jiuan*
    三位 /sam.wi/ > /sammi/ 'der dritte Rang' < MC
                    sâm hiuei
    闕掖 /ket.yek/ > /ketteki/ 'Palast' < MC *kiuʌt jiak*

仏恩　/bu*t.wo*n/ ＞ /bu*tt*on/ 'Gnade Buddhas' ＜ MC
b'ïu*t* ən

天皇　/te*n*.wa*ŋ*/ ＞ /te*nn*au/ 'Kaiser' ＜ MC t'e*n* ʝuɑ̂N

Das älteste Beispiel läßt sich bereits im *Wamyooshoo* (WRS 1968 Bd. 1: 113) Anfang des 10. Jahrhunderts finden:

(39)　　浸淫瘡　/si*mm*isau/ (Name einer fiebrigen Krankheit) ＜
MC tsjəm jjəm ts'ɑ̂N

3.4. Lautwandel
3.4.1. Lautwandel des /f/ (*ha-gyoo tenkoon*)

Der Lautwandel des /f/, in dessen Folge dieses außer am Wortanfang zu /w/ wird, führt zu orthographischen Problemen und schlägt sich somit in der *Kana*-Schreibung nieder. Zu Beginn der Heian-Zeit ist nur das Beispiel /uru*f*asi/ ＞ /uru*w*asi/ 'schön' (KGJ) zu finden. Ab Mitte der Heian-Zeit nehmen derartige Fälle zu. So kommt es in einem Gedicht von Ooe no Asatsuna (886-957) Anfang des 10. Jahrhunderts zu dem Wortspiel zwischen /yama*wi*/ 'in den Bergen leben' und /yama*fi*/ 'Krankheit' (Tsukishima 1987: 133). Tokieda führt in seinem Buch *Gendai no kokugogaku* das Beispiel /u*w*eki/ 'ein im Garten angepflanzter Baum', der auch /u*f*eki/ geschrieben wird, an (nach Doi 1957: 117). Die Silbe /fo/ wurde bereits im Altjapanischen zum Teil mit /wo/ verwechselt (siehe 2.4.2.). Der sinojapanische Plosiv im Auslaut /p/ wird statt durch /fu/ durch /(w)u/ wiedergegeben, z.B. /ra*fu*/ – /ra(w)*u*/ ＜ MC lɑ̂p (ursprünglich der Name eines Festes) 'Jahresende' (Doi 1957: 116).

3.4.2. Vereinheitlichte Realisierung bestimmter *Kana*-Silben

Silbenanlautendes /e/ und /o/ kommen nur am Anfang eines Wortes, /ye/ und /wo/ hingegen sowohl im Anlaut als auch im Inlaut vor.

3.4.2.1. Vereinheitlichte Realisierung von silbenanlautendem /e/ und /ye/

Im *Ametsuchi-kotoba* (siehe 3.1.3.1.) werden noch beide Silben – 榎 oder 愛 für silbenanlautendes /e/ und 枝, 良 oder 江 für /ye/ – aufgeführt. In den Werken von Minamoto no Shitagoo (911–983), z.B. *Wamyooshoo* (931–934), ist eine Differenzierung dieser beiden *Kana*-Silben nicht mehr zu finden. Die *Tenryaku*-Zeit (947–957) wird im allgemeinen als Grenze für diesen Übergang angenommen. Aus den Lautbeschreibungen des Mönchs Shinren (gestorben 1181) in seinem Werk *Shittan kuden* ('mündliche Überlieferung des Sanskrit') geht eine einheitliche Realisierung als [je] hervor (Tsukishima 1980: 791).

3.4.2.2. Vereinheitlichte Realisierung von silbenanlautendem /o/ und /wo/

Im *Iroha-uta* (siehe 3.1.3.3.) werden noch beide Silben – silbenanlautendes /o/ in /*okuyama*/ 'tief in den Bergen' und /wo/ als Partikel – aufgeführt. Belege für die Aufgabe der Opposition lassen sich zunächst im *Hokke gisho* ('Erklärungen zum Lotos-Sutra', 1002) des Ishiyama-Tempels nachweisen (Doi 1957: 111). Im Laufe des 11. Jahrhunderts kommt es dann in den Glossentexten in erheblichem Umfang zu orthographischen Verwechselungen, z.B. /*wonore*/ für /*onore*/ 'man selbst'. Die einheitliche Realisierung der beiden Silben als [wo] geht wiederum aus den Lautbeschreibungen von Shinren im *Shittan kuden* hervor (Tsukishima 1980: 791). Als Grenze für den Übergang wird im allgemeinen die Mitte des 11. Jahrhunderts angenommen.

3.4.2.3. Vereinheitlichte Realisierung von silbenanlautendem /i/ und /wi/ sowie von /ye/ und /we/

Die Oppositionen von silbenanlautendem /i/ und /wi/ sowie von /ye/ (einschließlich des ehemaligen /e/) und /we/ sind in dem *Shittan yooshuuki* (1075) von Kanchi noch erhalten, sie haben also mindestens bis in die zweite Hälfte des 11. Jahrhunderts bestanden (Wenck 1959: 195). Es lassen sich aber schon ab dem Beginn des 10. Jahrhunderts einige wenige Beispiele für die einheitliche Realisierung im Inlaut erkennen, ab dem 12. Jahrhundert nehmen die Beispiele zu (Tsukishima 1980: 791). Silbenanlautendes /i/ und /wi/ werden einheitlich als [i] sowie /ye/ und /we/ einheitlich als [je] realisiert. Bedingt durch den Lautwandel des /f/ zu /w/ lassen sich für die Heian-Zeit in der Orthographie gegebenenfalls drei Varianten finden (Tsukishima 1987: 138).

(40) *mukufi - mukuwi* $\triangleq$ /mukui/ 'Vergeltung'
      tukufe - tukuwe $\triangleq$ /tukuye/ 'Tisch'

4. Mitteljapanisch: Kamakura-Zeit (1185–1333) und Muromachi-Zeit (1333–1568)

Der Machtverlust des Kaisers und des Hofadels im Laufe der Heian-Zeit führt letztendlich zur Errichtung der Militärregierung des Shogunats, deren Hauptquartier zunächst in Kamakura, südlich des heutigen Tookyoo an der Sagami-Bucht gelegen, und im Laufe des 14. Jahrhunderts nach Muromachi, einem Stadtteil von Kyooto, verlegt wird. Der starke Einfluß des Schwertadels wirkt sich auch auf die Hochsprache aus, die zwar nach wie vor von der Sprache Kyootos dominiert, aber in der Muromachi-Zeit durch die regierende Ashikaga-Familie mit Sitz in Shimotsuke (heutige Präfektur Tochigi) vom Kantoo-Dialekt beeinflußt wird (Lewin 1959: 10). Die typische Form des Mitteljapanischen ist die Kyooto/Oosaka-Sprache des Schwertadels der Muromachi-Zeit. Im Mitteljapanischen werden im wesentlichen die in der Heian-Zeit eingeleiteten Entwicklungen abgeschlossen. Darüber hinaus trägt die wachsende Zahl neuer Lehnwörter aus dem Chinesischen zu weiteren Änderungen, auch auf dem Gebiet der Phonologie, bei (Lewin 1981: 1778).

Als Quellenmaterial dienen u.a. die Kriegsepen (*gunki-mono*) der Kamakura-Zeit, insbesondere das *Heike-Monogatari* ('Erzählungen über das Haus Taira', Anfang des 13. Jahrhunderts) sowie die Aufzeichnungen der christlichen Missionare, besonders der portugiesischen (*kirishitan-mono* < portugisisch *christão*) (Lewin 1968: 211). Die Missionare erstellen von Mitte des 16. Jahrhunders bis zur Abschließung des Landes 1639 Grammatiken wie die *Arte da Lingoa de Japam* von Rodriguez (1604) und die *Ars Grammaticae Japanicae Linguae* des Spaniers Collado (1632) und Wörterbücher wie das *Vocabulario da Lingoa de Japam* (1603–1604), welche mit lateinischen Buchstaben geschrieben sind und somit Aufschluß insbesondere über die Aussprache geben.

Im Mitteljapanischen findet auch die Umgangssprache Eingang in die Literatur. Zu der in Umgangssprache verfaßten Literatur zählen *kyoogen*, heitere Zwischenspiele, die zwischen zwei *Noo*-Stücken aufgeführt werden, sowie *shoomono*, philologische Kommentare zur in chinesischer Schriftsprache (*kanbun*) abgefaßten Literatur (Lewin 1968: 235, 433).

Im Mitteljapanischen werden die aus dem Sinojapanischen stammenden palatalisierten und labialisierten konsonantischen Silbenanlaute, die Langvokale, die Nasallaute und die stimmlosen langen Konsonanten in das japanische Phoneminventar voll integriert, so daß eine Trennung des japanischen und sinojapanischen Lautsystems ab der Muromachi-Zeit nicht mehr erfolgt (Nakada 1972: 33).

Die lateinische Umschrift ist dem *Vocabulario da Lingoa de Japam* (Doi 1980) entnommen, wobei Abweichungen von der phonemischen Schreibweise in runden Klammern ergänzt werden. Der Langvokal ô wird durch /oo/, ŏ durch /ɔɔ/ und ŭ durch /uu/ wiedergegeben. Die mittelchinesischen Lesungen (MC) habe ich dem *Koo kanwa jiten* (Morohashi 1981) entnommen.

4.1. 50-Laute-Tafel *(gojuuon-zu)*

In der Kamakura-Zeit erfolgt die endgültige Aufgabe der Opposition zwischen silbenanlautendem /i/ und /wi/ sowie zwischen /ye/ und /we/, ihre phonetische Realisierung wird einheitlich zu [i] beziehungsweise zu [je] (Nakada 1972: 33, vergleiche 3.4.2.). Der durch den Einfluß des Sinojapanischen neu entstandene Silbenschlußnasal /ń/ (vergleiche 4.4.3.2.) erhält seinen Platz am Ende der 50-Laute-Tafel in einer eigenen Reihe (Müller-Yokota 1987: 41).

a	ka	sa	ta	na	fa	ma	ya	ra	wa
i	ki	si	ti	ni	fi	mi		ri	(i)
u	ku	su	tu	nu	fu	mu	yu	ru	
(ye)	ke	se	te	ne	fe	me	ye	re	(ye)
(wo)	ko	so	to	no	fo	mo	yo	ro	wo
ń									

4.2. Phoneme
4.2.1. Vokale

Im Mitteljapanischen gibt es die fünf Vokale /a, i, u, e, o/ mit ihren Lautwerten [a, i, u, e, o]. Die Realisierung des /u/ als [u] erscheint jedoch nicht eindeutig. So beschreibt Rodriguez (1604: 638 f.) das anlautende /u/ z.B. von */uma/* 'Pferd' nicht als reines [u], sondern als ein u, das mit geschlossenem Mund ausgesprochen wird und in japanischen Texten häufig mit /mu/ geschrieben wird. Auch die veränderte Aussprache der Phonemkombination /tu/ von [tu] zu [tsu] könnte auf den Wandel in der Aussprache des /u/ von [u] nach [ɯ] hinweisen. Wenn den Vokalen die stimmhaften Konsonanten /d, g, b, z/ folgen, werden sie gewöhnlich leicht nasaliert ausgesprochen (Rodriguez 1604: 637).

(41)   */midɔɔ/ (mídŏ)* 'Tempelhalle'
         /madoi/ (mádoi) 'verlaufen'
         /madu/ (mādzu) 'zuerst'

Außerdem gibt es die drei Langvokale /uu, ɔɔ, oo/ mit ihren phonetischen Realisierungen als [uː, ɔː, oː] (Hashimoto 1927 a: 90). Der Langvokal /aa/ ist auf Interjektionen beschränkt (Hashimoto 1927 a: 73), und auftretende Doppelvokale /ii/ entsprechen nach Hashimoto (1927 a: 74) nicht dem Langvokal [iː]. Hinzu kommen die vier Diphthonge /ai, ui, ei, oi/.

4.2.2. Konsonanten und Semivokale

Die Systematisierung der Konsonanten der Kamakura-Zeit entspricht der der Heian-Zeit (vgl. 3.2.2.).

Aufgrund der in der Muromachi-Zeit folgenden Integration der sinojapanischen Konsonanten in das japanische Phonemsystem werden nunmehr die 13 Konsonanten /k-g, t-d, s-z, f-b-p; n, ń, m; r/ und die beiden Semivokale /y, w/ unterschieden. /k, g, f, b; n, m; r/ sowie /y, w/ entsprechen den Lautwerten [k, g, f, b; n, m; r] sowie [j, w]. Ob /g/ im Inlaut als [ŋ] realisiert wurde, ist nicht ganz sicher (Yamamoto 1973: 63), nach Hashimoto (1927a: 91) ist diese Realisierung wahrscheinlich nicht vorhanden. Bei Collado (1632: 94) lassen sich Hinweise dafür finden, daß /f/ am Ende der Muromachi-Zeit der Realisierung als [h] nahe kommt, eine Bemerkung, die eher auf den Kontrast zu dem 'europäischen' labiodentalen [f] zurückzuführen sein dürfte. Der Silbenschlußnasal /ń/ hat zwei Allophone: [m] vor /m, b, p/, sonst [n] (Rodriguez 1604: 637 f.). /s/ hat ebenfalls zwei Allophone: [s] vor /a, u, o/ und [ʃ] vor /i, e/ sowie als Realisierung von /sy/; Gleiches gilt für /z/: [z] vor /a, u, o/ und [ʒ] vor /i, e/ sowie als Realisierung von /zy/. /t/ hat drei Allophone: [t] vor /a, e, o/, [tʃ] vor /i/ und als Realisierung von /ty/ sowie [ts] vor /u/; Gleiches gilt für /d/: [d] vor /a, e, o/, [dʒ] vor /i/ und als Realisierung von /dy/ sowie [dz] vor /u/. Als neues Phonem kommt der stimmlose bilabiale Klusil /p/ (*handakuon* 'halbgetrübter Laut') nun auch in japanischen Wörtern vor (Hashimoto 1927 a: 64 ff.).

4.2.3. Silbenbau und Phonemkombinationen

Der Silbenbau des Mitteljapanischen hat die Struktur (C_1) (S) V (C_2) oder (C) (S) V_1 V_2. Als rein vokalische Silben treten nur noch /a, i, u/ auf, nachdem silbenanlautendes /e/

und /o/ in der Heian-Zeit zu /ye/ beziehungeweise zu /wo/ geworden sind.

Langvokale nehmen aufgrund der besonderen Aussprache der Phonemgruppen /au, eu, ou, iu/ erheblich zu (siehe 4.2.4.).

Die Bildung von Diphthongen /ai, ui, oi, ei/ entsteht unter anderem auch durch die zunehmenden Lautverschleifungen zu /i/ (siehe 4.3.1.1.).

Als Silbenauslaut C_2 können jeweils nur die Konsonanten /k, s, t, p, ń/ stehen (siehe 4.3.1.4. und 4.4.3.2.).

Der Semivokal /y/ kann nach allen Konsonanten - mit Ausnahme des Silbenschlußnasals /ń/ - stehen, der Semivokal /w/ nur noch nach /k/ und /g/ vor den Vokalen /a, o/.

4.2.4. Aussprache bestimmter vokalischer Phonemgruppen

Durch die Lautverschleifungen zu /u/ sowie durch den Lautwandel des /f/ zu /w/, wobei /w/ vor /u/ getilgt wird, entsteht eine starke Tendenz zu Phonemgruppen mit der Struktur Vokal + /u/ (Yamamoto 1973: 67 f.). Diese vokalischen Phonemgruppen unterllegen bestimmten Aussprachcregeln (Doi 1980: 848 f.).

1. Folgen zwei /u/ aufeinander, entsteht ein langes [u:].

(42)   */kufu/ > /ku(w)u/ > /kuu/ (cù)* - [ku:] 'essen'

2. Die vokalische Phonemgruppe /iu/ wird zu /yuu/ als steigender Diphthong [ju:] realisiert.

(43)   */ifu/ > /i(w)u/ > /yuu/ (yŭ)* - [ju:] 'sagen'

3. Die vokalische Phonemgruppe /au/ wird als langes offenes [ɔ:] realisiert.

(44)   */fayau/ > /fayɔɔ/ (fayŏ)* - [fayɔ:] 'früh'

4. Die vokalischen Phonemgruppen /ou/ und /eu/ werden zu einem geschlossenen langen [o:] beziehungsweise [eo:];

letzteres entwickelt sich zu dem steigenden Diphthong /yoo/ - [jo:] weiter.

(45)   /kinou/ > /kinoo/ (qinô) - [kino:] 'gestern'
         /kefu/ > /ke(w)u/ > /kyoo/ (qeô, qiô) - [kjo:] 'heute'

4.3. Lautgesetze und Gesetze der Silbenverbindung
4.3.1. Lautverschleifungen *(onbin)*

Die Lautverschleifungen, welche bereits im Klassischjapanischen begonnen haben, entwickeln sich im Mitteljapanischen weiter und führen teilweise zu morphologischen Veränderungen bei Suffigierungsprozessen der Verben - beim Anschluß der Flexive /-Te/ (Partizip) und /-Ta/ (Perfekt) beziehungsweise beim Anschluß bestimmter Suffixverben - und der Adjektive (Rickmeyer 1986: 8). Der stimmlose Konsonant /t/ wird hierbei häufig zu einem stimmhaften /d/.

4.3.1.1. Lautverschleifungen zu /i/ (/i/-onbin)

Bei den konsonantischen Verben auf /k, g, s/ treten bei Suffigierungsprozessen regelmäßig Verschleifungen zu /i/ auf; bei den Adjektiven wird die Adnominalform /ki/ zu /i/ verschliffen.

(46)   /kaki.ta/ > /kaita/ 'geschrieben'
         /kogi.ta/ (coguita) > /koida/ (coida) 'gerudert'
         /sasi.ta/ (saxita) > /saita/ 'gezeigt'
         /taka.ki/ > /takai/ 'hoch'

4.3.1.2. Lautverschleifungen zu /u/ (/u/-onbin)

Bei den konsonantischen Verben auf /b, m, (w)/ treten bei Suffigierungsprozessen regelmäßig Verschleifungen zu /u/

auf, wenn diesen Konsonanten die Vokale /a, i, e, o/ vorausgehen (Yanagida 1985: 73). Die entstehenden vokalischen Phonemkombinationen werden zu Langvokalen (siehe 4.2.2.).

(47) /man<u>ebi.ta</u>/ > /man<u>euda</u>/ > /man<u>ooda</u>/ (manôda) 'nachgeahmt'
/y<u>obi.ta</u>/ > /y<u>ouda</u>/ > /y<u>ooda</u>/ (yôda) 'gerufen'
/fus<u>a(w)i.ta</u>/ > /fus<u>auda</u>/ > /fus<u>ɔɔda</u>/ (fusŏda) 'zusammengefallen'
/tutus<u>imi.ta</u>/ > /tutus<u>iuda</u>/ > /tutus<u>yuuda</u>/ (tɕutɕuxŭda) 'respektvoll gewesen'

Geht diesen Konsonanten ein /u/ voraus, gibt es drei Möglichkeiten. Es kann ein Langvokal [uː] oder ein nasalierter Vokal [ũ] entstehen, oder es findet eine Verschleifung zu dem Silbenschlußnasal /ń/ statt.

(48) /fumikuk<u>umi.ta</u>/ > /fumikuk<u>uuda</u>/ (fumicucùda) 'auseinandergetreten'
/fuk<u>umi.ta</u>/ > /fuk<u>uuda</u>/ (fucũda) 'ausgebreitet'
/tut<u>umi.ta</u>/ > /tut<u>uńda</u>/ (tɕutɕunda) 'eingewickelt'

Bei den Adjektiven wird das Adverbial /ku/ häufig zu /u/ verschliffen, welches wiederum mit dem vorhergehenden Vokal zu einem Langvokal zusammengezogen wird (Iwai 1973: 90).

(49) /fay<u>a.ku</u>/ > /fay<u>au</u>/ > /fay<u>oo</u>/ (faγŏ) 'früh'
/sabis<u>i.ku</u>/ > /sabis<u>iu</u>/ > /sabis<u>yuu</u>/ (sabixŭ) 'einsam'

4.3.1.3. Lautverschleifungen zum Silbenschlußnasal *(hatsuonbin)*

Bei den konsonantischen Verben auf /n/ und bei den konsonantischen Verben auf /b, m/, treten, wenn diesen der Vokal /u/ vorausgeht, bei Suffigierungsprozessen Verschleifungen zum Silbenschlußnasal /ń/ auf (Yanagida 1985: 73).

(50) /si<u>ni.t</u>a/ > /si<u>ń</u>da/ (*xinda*) 'gestorben'
      /mus<u>ubi.t</u>a/ > /musu<u>ń</u>da/ 'gebunden'
      /tut<u>umi.t</u>a/ > /tutu<u>ń</u>da/ (*tçutçunda*) 'eingewickelt'

4.3.1.4. Lautverschleifungen zu stimmlosen langen Konsonanten (*soku- onbin*)

Bei den konsonantischen Verben auf /t, r/ treten bei Suffigierungsprozessen Verschleifungen zu stimmlosen langen Konsonanten auf.

(51) /mo<u>ti.t</u>a/ > /mo<u>tt</u>a/ 'gehalten'
      /kag<u>iri.t</u>a/ > /kagi<u>tt</u>a/ (*caguitta*) 'begrenzt'
      /a<u>ri.t</u>a/ > /a<u>tt</u>a/ 'war'

Außerdem kommt es zu Verschleifungen zu stimmlosen langen Konsonanten, wenn dem sinojapanischen Silbenschlußkonsonanten /t/ die Konsonanten /k, s, t, f/ folgen (Yanagida 1985: 98 f.).

(52) 別格 MC p<u>ïa</u>t <u>k</u>ûQ > /be<u>kk</u>aku/ (*beccaqu*) 'Unterschied'
      仏体 MC b<u>ïut t</u>'ei > /bu<u>tt</u>ai/ 'die Erscheinung Buddhas'
      仏法 MC b<u>ïut p</u>ïʌp > /bu<u>pp</u>oo/ (*buppô*) 'Lehre und Gesetz Buddhas'
      一切 MC j<u>et ts</u>'et > /i<u>ss</u>ai/ 'unentschlossen'

Hashimoto (1944: 256 f.) beschreibt für die sinojapanischen Silbenschlußkonsonanten /p, k/ dieselbe Lautverschleifung.

(53) 合戦 MC ka<u>p ts</u>ian > /ka<u>ss</u>en/ (*caxxen*) 'gemeinsam kämpfen'
      敵國 MC d'e<u>k k</u>uak > /te<u>kk</u>oku/ (*teccocu*) 'Feindesland'

Als stimmloser langer Konsonant steht das Phonem /p/ nun auch häufig in rein japanischen Wörtern, es entwickelt sich aus dem Phonem /f/.

(54)   /a_fare/ > /a_ppare/ (ergreifendes Gefühl)

4.3.2. Vokalalternationen

Vokalalternationen lassen sich zwischen /o/ und /u/ sowie zwischen /i/ und /e/ finden (Toyama 1972: 181 f.).

(55)   /o/ > /u/: /fimem_osu/ > /fimem_usu/ 'täglich'
        /u/ > /o/: /kaz_uyeru/ (cazuyeru) > /kaz_oyeru/ (cazo-
                   yeru) 'zählen'
        /i/ > /e/: /wookam_i/ > /wookam_e/ (vôcame) 'Wolf'
        /e/ > /i/ : /t_ete/ > /t_iti/ (chichi) 'Vater'

4.3.3. Überziehen von Auslautkonsonanten *(renjoo)*

Das Überziehen von Auslautkonsonanten geht im Mitteljapanischen beim Silbenschlußkonsonanten /t/ auch über die Morphemgrenzen hinaus. Folgt dem Silbenschlußkonsonanten /t/ die Fokuspartikel /=wa/, dann kann der Semivokal /w/ zu /t/ werden. Beide Formen, sowohl die ursprüngliche wie auch die zu dem stimmlosen langen Konsonanten verschliffene, sind möglich (Rodriguez 1604: 637).

(56)   大切 /taiset=wa/ (taixet=ua) ≙ /taisetta/ (taixetta) 'be-
              sonders' (MC *d'âi ts'et*)
        今日 /konniti=wa/ (connichi=ua) ≙ /konnitta/ (connitta)
              'heute' (MC *kjäm ńiet*)

4.4. Lautwandel
4.4.1. Lautwandel am Silbenanlaut

Der labialisierte Silbenanlaut /w/ wird bereits in der Kamakura-Zeit vor /e/ generell zu /y/ und vor /i/ generell getilgt (Rickmeyer 1986: 7). In den Tabellen der Jesuiten werden die Phonemkombinationen /wi, we/ nicht mehr aufgelistet.

(57)   /_(w)_iru/ > /iru/ 'sein'
        /_(w)_e/ > /_ye_/ 'Köder'

Der Verlust des labialen Silbenanlautes vor /e/ und /i/ führt auch zur Reduktion der labialisierten konsonantischen Silbenanlaute: /kwi, kwe, gwi, gwe/ werden zu /ki, ke, gi, ge/.

(58)   KJ: /_kwi_zen/ (Kobayashi 1967: 1630) > /_ki_zeń/ (JKD/MJ
        1989: 500) 'seufzen'
        KJ: /_kwe_nzoku/ > /_ke_ńzoku/ (qenzocu) 'Sippe'.

Die labialisierten konsonantischen Silbenanlaute /kwa, gwa/ sowie /kwɔɔ, gwɔɔ/, welche sich aus /kwau, gwau/ entwickelt haben, bleiben auch in der Muromachi-Zeit erhalten.

(59)   /_kwa_/ (qua) 'Feuer'
        /_kwɔɔ_buń/ (quŏbun) 'Akademiker'
        /_gwa_ńrai/ (guanrai) 'ursprünglich'

4.4.2. Lautwandel des /f/ (_ha-gyoo tenkoon_)

Im Mitteljapanischen wird /f/ im Wortinlaut generell zu /w/, vor /u/ wird es getilgt. Es lassen sich noch einige Ausnahmen finden, die im Inlaut mit /f/ oder auch wahlweise mit /f/ oder /w/ geschrieben werden können (Yamamoto 1973: 96), was jedoch keinen Hinweis auf die Aussprache gibt.

(60) /a_firu_/ 'Ente'

/_fafa_/ - /_fawa_/ (faua) 'Mutter'

4.4.3. Lautwandel am Silbenauslaut
4.4.3.1. Lautwandel der Implosive am Silbenauslaut

Die Implosive am Silbenauslaut /p, k/ werden in den Schriften der Jesuiten mit der offenen Silbe /fu/, die sich – bedingt durch den Lautwandel des /f/ zu /w/ – zu einem /u/ weiterentwickelt, beziehungesweise mit der offenen Silbe /ku/ geschrieben.

(61) 消息 MC *siau siak* > KJ: /seuso_k_/ > /syooso_ku_/
(x ̂socu) 'Brief'

仏法 MC *bïut pïʌp* > KJ: */butfo_p_/ > /buppo_(w)u_/
> /buppoo/ (buppô) 'Lehre und Gesetz Buddhas'

Der Implosiv am Silbenauslaut /t/ bleibt als solcher erhalten. Im *Vocabulario da Lingoa de Japam* (Doi 1980) finden sich jedoch unterschiedliche Schreibweisen, einerseits als -*t*, andererseits aber auch als -*tɕu* oder -*chi*.

(62) 仏事 /bu_tzi_/ (bu_t_ji) - /bu_tuzi_/ (butɕuji) 'buddhistische
Riten'

正月 /syɔɔgwa_t_/ (x ̆gua_t_) - /syɔɔgwa_ti_/ (x ̆gua_chi_)
'erster Monat eines Jahres'

Bei diesen Schreibweisen geht man einerseits davon aus, daß sie keine offenen Silben darstellen sollen, sondern zur Schreibung des Silbenschlußkonsonanten /t/ dienen; -*tɕu* wird benutzt, wenn im Wortstamm der Vokal /u/ vorausgeht, und -*chi* wird benutzt, wenn im Wortstamm die Vokale /a, o, e, i/ vorausgehen (Yanagida 1985: 100). Andererseits sieht man diese unterschiedliche Schreibweise als Anzeichen des Wandels vom Silbenschlußkonsonanten /t/ zur offenen Silbe /tu/ bzw. /ti/ (Yamamoto 1973: 69).

4.4.3.2. Lautwandel der Silbenschlußnasale /n, m/

Die Silbenschlußnasale /n, m/ werden nicht mehr unterschieden, sondern fallen ab der Muromachi-Zeit als Phonem /ń/ zusammen (Rickmeyer 1986: 7).

(63) 三　MC *sâm* > KJ: /sa<u>m</u>/ > /sa<u>ń</u>/ 'drei'
　　　本　MC *pən* > KJ: /ho<u>n</u>/ > /ho<u>ń</u>/ 'Ursprung'

4.4.3.3. Lautwandel des Silbenschlußnasals /ŋ/

Der sinojapanische Silbenschlußnasal des Klassischjapanischen /ŋ/ bewirkt zunächst eine nasale Längung des vorhergehenden Vokals, danach wird er zu /u/ beziehungsweise zu /i/. Der so entstandene Vokal /u/ entwickelt sich zusammen mit den vorhergehenden Vokalen weiter zu einem Langvokal (Rickmeyer 1986: 7).

(64)　　/aŋ/ > /ɔɔ/ – [ɔ:]
　　　鏡台　MC *kïeŋ dəi* > /kya<u>ŋ</u>dai/ > /kyɔɔdai/ (qiŏdai) 'Frisiertisch'
　　　/oŋ/ > /oo/ – [o:]
　　　筒　MC *duŋ* > /do<u>ŋ</u>/ > /d<u>oo</u>/ (dô) 'Achslager eines Ochsenkarrens'
　　　/uŋ/ > /uu/ – [u:]
　　　宮仕　MC *kïuŋ dzïeï* > /ki<u>ŋ</u>zi/ > /k<u>yuu</u>zi/ (qiŭji) 'Palastdienst'
　　　/eŋ/ > /ei/
　　　刑　MC *hêŋ* > /ke<u>ŋ</u>/ > /k<u>ei</u>/ (qei) 'Strafe'
　　　(Die mittelchinesischen Lesungen (MC) sind aus Toodoo (1965).)

5. Neujapanisch: Edo-Zeit (1600-1868)

Die Edo-Zeit ist eine Periode der sprachlichen Teilung. Bis etwa zur Mitte des 18. Jahrhunderts bleibt das Gebiet um Kyooto einschließlich Oosaka - auch *Kamigata* genannt - als kulturelles und sprachliches Zentrum erhalten (Lewin 1968: 193). Gleichzeitig entwickelt sich im *Kantoo*-Gebiet um Edo (heutiges Tookyoo), dem Sitz der Shogunatsregierung der Tokugawa-Familie, ein neues wirtschaftliches, politisches und auch kulturelles Zentrum, das sich dann in der zweiten Hälfte der Edo-Zeit zum neuen Sprachzentrum entwickelt (Lewin 1959: 12). Als Grenze für den Übergang von der weitgehend traditionellen *Kamigata*-Sprache zu der vom Ostdialekt beeinflußten Edo-Sprache der Stadtbevölkerung werden im allgemeinen die Perioden *Kyoohoo* (1716-1732) oder *Hooreki* (1751-1764) angesehen (Matsumura 1980: 70).

Als 1639 die Ausweisung der Portugiesen aus Japan erfolgt, beginnt die Zeit der Abschließungspolitik (1639-1858 *sakoku*), in der Japan die Kontakte mit dem Ausland bis auf wenige Ausnahmen abbricht (Lewin 1968: 1). Dementsprechend läßt die Übernahme ausländischer Wörter nach, und die Sprache entwickelt sich in der Abgeschlossenheit ohne größeren Einfluß von außen weiter. In der Edo-Zeit finden einige sprachliche Prozesse, die bereits in der vorhergegangenen Periode eingeleitet worden sind, ihren Abschluß, z.B. die vereinheitlichte Realisierung bestimmter Phonemgruppen und die Devokalisierung von /i/ und /u/.

Die Schriftsprache *(bungo)* bewahrt zwar getrennt von der Umgangssprache ihre traditionelle Form, aber die Entwicklung, daß die Umgangssprache *(koogo)* Eingang in die Literatur findet, setzt sich in der volkstümlichen und realistischen Edo-Literatur fort (Lewin 1959: 13). Zu der in Umgangssprache abgefaßten Literatur zählen beispielsweise *haiku* (Gedichte aus 17 Silben), *sharebon* (Unterhaltungsschriften, die über das Treiben in den städtischen Freudenvierteln berichten und eine besondere Art der erotischen Literatur darstellen (Lewin 1968: 420)) und *kokkeibon* (humoristische Erzählungen, Nachfolger der 1790 verbotenen *sharebon* (Lewin 1968: 221)). Zu den bekanntesten humoristischen Erzählungen gehören die von Shikitei Samba (1776-1822) verfaßten *Ukiyoburo* (1809-1813) "Die lustigen Geschichten aus dem Bad der vergänglichen Welt" (Donath-Wiegand 1963: 99) und *Ukiyodoko* (1813-1814) 'Der Barbier der vergänglichen Welt', die in der alltäglichen, allgemein verständlichen Edoer Umgangssprache geschrieben sind (Donath-Wiegand 1963: 77). Darüber hinaus geben Werke wie beispielsweise *Ongyoku gyokuenshuu* (1727) von Miura Hisonojoo Tsuguyasu, das genaue Anweisungen für die gesungenen Teile der *Noo*-Spiele enthält (Wenck 1959: 367), Aufschluß über die traditionelle, normative Aussprache, und *Katakoto* (1650) von Yasuhara Teishitsu, das Kettengedichte (*renga*) enthält, spiegelt den Wortschatz der gesprochenen Kyooto-Sprache wider (Wenck 1959: 230).

Hinzu kommen europäischsprachige Bücher wie z.B. Kämpfer (1777-1779): "Geschichte und Beschreibung von Japan" - Kämpfer hielt sich von 1690 bis 1692 in Japan auf -, Siebold (1852): "Nippon, Archiv zur Beschreibung von Japan" oder Thunbergs "Reise durch einen Theil von Europa, Afrika und Asien, hauptsächlich in Japan" in den Jahren 1770-1779, die Aufschluß über die Aussprache geben, da sie wiederum mit lateinischen Buchstaben geschrieben sind.

Die ehemals konsonantischen Verben auf /f/ werden infolge des Lautwandels von /f/ zu /w/ im Inlaut zu konsonantischen Verben auf /w/. Da jedoch das Phonem /w/ nur noch vor /a/ vorhanden ist, wird es in runde Klammern /(w)/ gesetzt, wenn dies zur Erklärung bestimmter Entwicklungen notwendig ist. Die Beispiele für das Neujapanische sind überwiegend dem *Ukiyoburo* und *Ukiyodoko*, aufgearbeitet von Matsumura (1957), entnommen.

5.1. 50-Laute-Tafel *(gojuuon-zu)*

Durch den Lautwandel von [je] zu [e] und von [wo] zu [o] (vergleiche 5.4.4.) sowie durch den Wandel im Phonembestand von /f/ zu /h/ (vergleiche 5.4.3.) verändert sich die 50-Laute-Tafel für die Edo-Sprache, d.h. für die zweite Hälfte der Edo-Zeit, wie folgt:

a	ka	sa	ta	na	ha	ma	ya	ra	wa
i	ki	si	ti	ni	hi	mi		ri	
u	ku	su	tu	nu	hu	mu	yu	ru	
e	ke	se	te	ne	he	me	(e)	re	(e)
o	ko	so	to	no	ho	mo	yo	ro	(o)
ń									

5.2. Phoneme
5.2.1. Vokale

Im Neujapanischen gibt es die fünf Vokale /a, i, u, e, o/ mit ihren Lautwerten [a, i, ɯ, e, o]. Darüber hinaus gibt es die Langvokale /aa, ii, uu, ee, oo/ mit ihren Lautwerten [a:, i:, ɯ:, e:, o:].

Eine Monophthongierung der Diphthonge /ai, ui, ei, oi, ae, oe/ findet nur in der Edo-Sprache statt (siehe 5.2.4.).

5.2.2. Konsonanten und Semivokale

Die Systematisierung der Konsonanten der Edo-Zeit entspricht, mit Ausnahme des /h/, der der Muromachi-Zeit. Es werden die 13 Konsonanten /k-g, s-z, t-d, h-b-p; n, ń, m; r/ und die zwei Semivokale /y, w/ unterschieden. /k, b, p; n, m; r/ sowie /y, w/ entsprechen den Lautwerten [k, b, p; n, m; ɾ] sowie [j, w].

/g, s/ haben je zwei Allophone: /g/ als [ŋ] nur im Inlaut, ansonsten als [g], das aber auch im Inlaut realisiert werden kann (Hashimoto 1927 b: 126 ff.); /s/ als [s] vor /a, u, e, o/ und als [ʃ] vor /i/ sowie als Realisierung von /sy/.

/t, h/ haben je drei Allophone: /t/ als [t] vor /a, e, o/, als [tʃ] vor /i/ sowie als Realisierung von /ty/ und als [ts] vor /u/; /h/ als [h] vor /a, e, o/, als [ç] vor /i/ sowie als Realisierung von /hy/ und als [Φ] vor /u/ (Sakanashi 1987: 53).

Die Phoneme /d/ und /z/ werden vor /a, e, o/ als [d] beziehungsweise als [z] realisiert, vor /u/ werden sie in der *Kamigata*-Sprache einheitlich als [z], in der Edo-Sprache dagegen einheitlich als [dz] realisiert, vor /i/ sowie als Realisierung von /dy/ und /zy/ werden sie in der *Kamigata*-Sprache einheitlich als [ʒ], in der Edo-Sprache dagegen einheitlich als [dʒ] realisiert.

Dem *Ongyoku gyokuenshuu* ist zu entnehmen, daß die nasalierte Aussprache der stimmhaften Konsonanten als [ⁿz, ⁿd, ⁿb] in der Edo-Zeit verloren geht, übrig bleibt nur der im Inlaut nasalierte Konsonant /g/ als [ŋ]. Beispiele für die Nasalierung des /g/ finden sich im *Ukiyoburo*, in dem die Nasalierung durch besondere diakritische Zeichen neben der *Kana*-Silbe angezeigt ist (Matsumura 1957: 65). Auch Kämpfer (1777-1779 Bd. 2: 164) macht auf eine mögliche Nasalierung des /g/ aufmerksam.

(65)   */unagi/* 'der Aal' (Matsumura 1957: 139)
        Na<u>ng</u>asacki für *Nagasacki* (Ort in der alten Provinz Hizen, heutige Präfektur Nagasaki) (Kämpfer 1777-1779 Bd. 2: 164)

Hinsichtlich der möglichen Realisierungen des Silbenschluß-nasals /ñ/ ergeben sich aus der durchgesehenen Literatur keine Aufschlüsse.

5.2.3. Silbenbau und Phonemkombinationen

Der Silbenbau des Neujapanischen hat die Struktur (C_1) (S) V (C_2) oder (C) (S) V_1 V_2 und entspricht somit dem Silbenbau des Mitteljapanischen. Nachdem [je] und [e] sowie [wo] und [o] zu Beginn der Edo-Zeit wieder zu alternativen Realisierungen geworden sind, existieren wieder die fünf rein vokalischen Silben /a, i, u, e, o/.

Die Tendenz, bestimmte vokalische Phonemgruppen als Langvokale auszusprechen, setzt sich besonders in der späten Phase der Edo-Zeit, jedoch nur in der Edo-Sprache, weiter fort (siehe 5.2.4.).

Der Silbenauslaut C_2 kann nur aus den Konsonanten /k, s, t, p; ń/ bestehen (siehe 5.3.1.4. und 5.3.1.5.).

Der Semivokal /y/ kann nach allen Konsonanten - mit Ausnahme des Silbenschlußnasals /ń/ - stehen, der Semivokal /w/ hat sich nur noch vor dem Vokal /a/ halten können.

5.2.4. Aussprache bestimmter vokalischer Phonemgruppen

Die vokalischen Phonemgruppen /ei, ai, oi, ae, oe/ werden in der Edo-Sprache zu einem langen [e:], die vokalische Phonemgruppe /ui/ wird zu einem langen [i:] (NHD 1988: 97).

(66)   */isei/* > */isee/* 'lebhaft' (Matsumura 1957: 20)
    /sekai/ > */sekee/* 'Welt' (Matsumura 1957: 209)
    /omosiroi/ > */omosiree/* 'interessant' (Matsumura 1957: 227)
    /kaeru/ > */keeru/* 'Frosch' (Matsumura 1957: 224)
    /doko=e iku/ > */dokeeku/* 'dorthin gehen' (Matsumura 1957: 168)
    /kawayui/ > */kawaii/* 'niedlich' (Matsumura 1957: 237)

Diese Erscheinungen treten um die *Meiwa*-Zeit (1764–1772) in den Unterhaltungsschriften (*sharebon*) auf und sind vom

Ende des 18. Jahrhunderts bis zum Ende der Edo-Zeit in der umgangssprachlichen Literatur der Edo-Sprache häufig zu finden. Die gebildete Oberschicht jedoch behält üblicherweise die Aussprache dieser vokalischen Phonemgruppen als Diphthonge bei (NHD 1988: 97).

5.3. Lautgesetze und Gesetze der Silbenverbindung
5.3.1. Lautverschleifungen *(onbin)*

Im Neujapanischen besteht in der Edo-Sprache eine starke Tendenz zur Lautverschleifung zu Langvokalen durch Verschleifung des Wortendes mit verschiedenen nachfolgenden Partikeln. Außerdem entstehen einerseits weitere Lautverschleifungen bei konsonantischen Verben, andererseits werden Lautverschleifungen wieder rückgängig gemacht, oder sie werden auf bestimmte Situationen beschränkt.

5.3.1.1. Lautverschleifungen zu Langvokalen

In der Edo-Sprache entstehen Verschleifungen der Konditionalformen auf /...eba/ zu /...yaa/ – [ja:] bei Verben und Adjektiven, darüber hinaus entsteht beim Anschluß der Fokuspartikel /=wa/ oder der Kasuspartikel /=o/ an Nomina und an die Basisform der Verben der Langvokal [a:] beziehungsweise der palatal anlautende Langvokal [ja:] oder die Lautfolge [tʃa:, dʒa:] (Toyama 1972: 261 f., Matsumura 1957: 147).

(67)   */mehana=ga nakeryaa/* < */nakereba/* 'wenn man etwas nicht weiß, ...' (Toyama 1972: 261)
/tateyama=no hanasi=o kikyaa simee=si/ < */kiki=wa/* 'daß ich eine Geschichte über den Tateyama höre, wird wohl nicht geschehen' (NKBT 1957: 102)

/omeetat*yaa* you keńka-suru=zee=naa/ < /omeetat*i=wa*/
'ihr streitet euch aber oft' (NKBT 1957: 78)
/ii kurusimi=sa. ikuz*yaa* nee/ < /iku*zi=wa*/ (NKBT 1957:
62) 'Eine schöne Plage! Zum Verzweifeln!' (Donath-
Wiegand 1963: 113)
/ibi kiri=o site nak*aa* nahanna/ < /naka=*o*/ (als Zeichen
der Versöhnung legt man die kleinen Finger ineinander
und zieht gegenseitig) (Toyama 1972: 262)

Beim Anschluß der Partikel /=ni/ entsteht der Langvokal
[i:] (SNKBT 1989: 112).

(68)   /oiraa ut*ii* keero/ < /ut*i=ni*/ 'ich gehe nach Hause'

Ein palatalisierter Langvokal [ja:] entsteht ebenfalls beim
Anschluß der Fokuspartikel /=wa/ an die Kasuspartikeln
/=de/ und /=ni/, an die Korrelationspartikel /=to/, an das
Partikelnomen /=no/ sowie an das Flexiv des Partizips /-Te/
(NHD 1988:97).

(69)   /=de=wa/ > /z*yaa*/: /hońto=z*yaa* nee/ 'das ist nicht
wahr' (Matsumura 1957: 163)
/-Te=wa/ > /t*yaa*/: /suki=o matte't*yaa*/ 'wenn (du) auf
eine günstige Gelegenheit wartest' (Matsumura 1957: 162)
/=ni=wa/ > /n*yaa*/: /matoki=n*yaa*/ 'zur rechten Zeit'
(Matsumura 1957: 161)
/=to=wa/ > /t*aa*/: /sońnara końido=kara omee=*taa* asoba-
nee/ 'wenn es so ist, werde ich ab jetzt nicht mehr mit
dir zusammen sein' (Matsumura 1957: 161)
/=no=wa/ > /n*aa*/: /ikkura=mo motte kuru=ga koo yuu=
n*aa* nee/ 'ich bringe mit, was du willst, aber so etwas
gibt es nicht' (Matsumura 1957: 161)

Zusammenfassend lassen sich folgende Regelmäßigkeiten erkennen:

1. beim Anschluß der Fokuspartikel /=wa/, der Kasuspartikel /=ga/ sowie bei der Verschleifung der Konditionalformen /...eba/ (Matsumura 1957: 147 ff.):

    /-i/ + /=wa/ oder /=ga/ > [ja:] bzw. [tʃa:, dʒa:]
    /-e/ + /=wa/ oder /=ga/ > [eja:]
    /-a/ + /=wa/ oder /=ga/ > [a:]
    /-u/ + /=wa/ > [a:]
    /-o/ + /=wa/ >[a:]
    /...eba/ > [ja:]

2. beim Anschluß der Kasuspartikel /=o/ (Matsumura 1957: 157 f.):

    /-a, -u, -o/ + /=o/ > [a:, ɯ:, o:]
    /-i/ + /=o/ > [jo:]
    /-e/ + /=o/ > [e:] oder [jo:]

3. beim Anschluß der Kasuspartikel /=ni/ oder /=e/ (Matsumura 1957: 158 f.):

    /-i/ + /=ni/ oder /=e/ > [i:]
    /-a, -o/ + /=e/ > [e:]

Andererseits setzt sich die Tendenz zur Verkürzung von Langvokalen, die bereits am Ende der Muromachi-Zeit begonnen hatte, in der Edo-Zeit weiter fort (Yamamoto 1973: 73).

(70)   /hayoo/ > /hayo/ 'früh' (adverbiale Form)
          /ogamoo/ > /ogamo/ 'will verehren'
          /rińzyuu/ > /rińzyu/ 'die letzte Stunde'

5.3.1.2. Lautverschleifungen zu /i/ (/i/-onbin)

Bei den konsonantischen Verben auf /r/ kommt es beim Anschluß der beiden Suffixverben /-masu/ und /-yasu/ –

beide drücken eine höflich-formelle Sprechweise aus, wobei /-yasu/ in der *Kamigata*-Sprache benutzt wird - ebenfalls zur Verschleifung zu /i/, bei /-yasu/ auch zur Verschleifung zum Silbenschlußnasal (siehe auch 5.3.1.4.) (Matsumura 1957: 202).

(71)   /goza*ri.masu*/ > /goza*imasu*/ 'sein'
        /nasa*ri.yasi*/ > /nasa*iyasi*/ 'tue!'

Bei den konsonantischen Verben auf /s/ sind bei Suffigierungsprozessen bereits am Ende der Muromachi-Zeit häufig beide Formen, sowohl die zu /i/ verschliffene als auch die unverschliffene, zu finden. Okumura (1968: 41 f.) hat in seiner Untersuchung über die Zwischenspiele im *Noo (kyoogen)* und über die Begleitgesänge für das japanische Puppentheater von Chikamatsu Monzaemon (1653-1724) *(jooruri)* festgestellt, daß sich zweimorige Verben in zwei Gruppen einteilen lassen - die eine Gruppe der Verben werde nicht verschliffen, die andere Gruppe könne sowohl in ihrer verschliffenen Form als auch in ihrer unverschliffenen Form stehen -, daß Verben mit wenigen Silben seltener zu Verschleifungen neigen als Verben mit mehreren Silben und daß keine Verschleifung stattfinde, wenn ein Langvokal vorausgehe.

(72)   /osu/ 'drücken' > /o*si*ta/
        /dasu/ 'herausnehmen' > /da*si*ta/ oder /da*i*ta/
        /iwasu/ 'jemanden etwas sagen lassen' > /iwa*i*ta/
        /toosu/ 'durchlassen' > /*too*si*ta/

Die Tendenz zur Verschleifung nimmt im Laufe der Edo-Zeit unter regionalem Einfluß ständig ab und ist in der späten Phase in der Edo-Sprache nur noch selten zu finden (Okumura 1968: 42 ff.)

(73)   /sasu/ 'scheinen' > /sa*i*ta/

5.3.1.3. Lautverschleifungen zu /u/ (/u/-onbin)

In der Edo-Sprache ist die Verschleifung des Adverbials /ku/ zu /u/ auf die respektvolle Sprechweise beschränkt und tritt auch nur vor den beiden Verben */gozaru/* 'sein' und */zonzuru/* 'denken' sowie vor ihren Derivativverben auf (Schneider 1989: 154).

> */ohayau/* (≙ /ohayoo/) *gozaimasu/* 'guten Morgen' (Matsumura 1957: 203)

5.3.1.4. Lautverschleifungen zum Silbenschlußnasal (hatsu-onbin)

Bei Verbzusammensetzungen kommt es am Ende des ersten Verbs, z.B. bei den konsonantischen Verben auf /k, t, m, (w)/, zu Verschleifungen zum Silbenschlußnasal /ń/ (Matsumura 1957: 194 ff.).

(75) */hiki-maku/* > */hińmaku/* 'ausrollen'
 /buti-nomesu/ > */bуńnomesu/* 'grün und blau hauen'
 /humi-komu/ > */huńgomu/* 'eintreten'
 /o(w)i-dasu/ > */ońdasu/* 'vertreiben'

Außerdem kommt es in der Edo-Sprache bei den konsonantischen Verben auf /r/ bei Verbzusammensetzungen, bei der Derivation durch das Negationssuffix */-Anai/* oder beim Anschluß von Partikeln wie z.B. */=na/* (Prohibitivpartikel) oder */=mai/* (negative Vermutung oder negierte Absicht) zur Verschleifung zum Silbenschlußnasal, wenn die suffigierten Morpheme mit einem /n/ oder mit einem /m/ beginnen oder wenn das Respekt bezeugende Suffixverb */-yasu/* folgt (Matsumura 1957: 196 ff.).

(76) */ohairi-nasai/* > */ohaińnsai/* 'bitte treten Sie ein'
 /ki-nasaranai/ > */kinasańnee/* 'nicht kommen'

/ii-nasa<u>ru=n</u>a/ > /iinasa<u>n̄n</u>a/ 'sag nicht'
/a<u>ru=m</u>ai/ > /a<u>n̄m</u>ee/ 'wird wohl nicht sein'
/goza<u>ri-yasu</u>/ > /goza<u>n̄yasu</u>/ 'sein'

5.3.1.5. Lautverschleifungen zu stimmlosen langen Konsonanten (*soku-onbin*)

In der Edo-Sprache sind zur Meiwa-Zeit (1764-1771) parallel zu der Verschleifung zu /u/ bei den konsonantischen Verben auf /(w)/ in den Unterhaltungsschriften *(sharebon)* Verschleifungen zu stimmlosen langen Konsonanten zu finden (Komatsu 1985: 118 ff.). Ab der *An'ei*-Zeit (1772-1780) wird immer mehr die Verschleifung zu stimmlosen langen Konsonanten bevorzugt. Hinzu kommt als einziges konsonantisches Verb auf /k/ das Verb /iku/ 'gehen' (Matsumura 1957: 173).

(77) /omo<u>(w)i.t</u>e/ > /omo<u>tt</u>e/ (Partizip von /omo(w)u/ 'denken')
   /<u>iki.t</u>e/ > /<u>itt</u>e/ (Partizip von /iku/ 'gehen')

5.3.2. Alternationen
5.3.2.1. Vokalalternationen

Die Tendenz der Muromachi-Zeit zu Vokalalternationen zwischen /e/ und /i/ sowie zwischen /u/ und /o/ setzt sich im Neujapanischen weiter fort und scheint in der Edo-Zeit, insbesondere in der *Kamigata*-Sprache, allgemein gültig zu sein. Weiterhin sind beide Formen möglich. Besonders häufig ist der Wechsel von /e/ zu /i/, wenn dem /e/ ein /a/ folgt (Sakanashi 1987: 9).

(78) /om<u>ae</u>/ - /om<u>ai</u>/ (vertraute Anrede gegenüber geringfügig höher gestellten Personen, z.B. Frau gegenüber ihrem Mann) (EDJ 1974: 212)
   /<u>o</u>siroi/ - /<u>u</u>siroi/ 'weißer Gesichtspuder' (Doi 1957: 157)

Darüber hinaus kommt es im Neujapanischen zu Alternationen zwischen /syu/ und /si/ sowie zwischen /zyu/ und /zi/. Vom phonetischen Standpunkt aus betrachtet handelt es sich hierbei um eine Alternation zwischen [u] und [i]: [ʃu] - [ʃi], [ʒu] - [ʒi] in der Edo-Sprache, [dʒu] - [dʒi] in der *Kamigata*-Sprache (Toyama 1972: 254 f.).

(79) /*kodomosyu*/ > /*kodomosi*/ 'Kinder' (Matsumura 1957: 64)
/*nozyuku*/ > /*noziku*/ 'im Freien schlafen' (Matsumura 1957: 64)
/*yubi*/ 'Finger' (*Ukiyoburo*) - /*koibi*/ 'kleiner Finger' Matsumura 1957: 64)

5.3.2.2. Konsonantenalternationen

Als Folge der palatalisierten Aussprache des /h/ vor /i/ als [ç] entstehen Alternationen zwischen /h/ und /s/ vor /i/. Im *Ongyoku gyokuenshuu* (1727) wird noch ausdrücklich auf den Unterschied hingewiesen, aber bereits im *Katakoto* (1650) wie dann später u.a. auch im *Ukiyoburo* lassen sich einige Beispiele für diese Alternation finden (Sakanashi 1987: 51 f.)

(80) /*sikaru*/ - /*hikaru*/ 'tadeln' (Yosida 1973: 133)
/hi/ > /si/: /*si*=ga kureru/ 'die Sonne geht unter' (Matsumura 1957: 125)
/si/ > /hi/: /*hituree*/ 'Entschuldigung' (Schneider 1989: 154)

5.3.3. Überziehen von Auslautkonsonanten *(renjoo)*

Das Überziehen der Auslautkonsonanten nimmt im Neujapanischen stark ab und wird Mitte des 18. Jahrhunderts bis auf

einige Ausnahmen völlig aufgegeben. Für den Silbenschlußkonsonanten /t/ gibt es nur noch wenige Beispiele, bei denen
auch die jeweils folgenden Partikeln mit einbezogen werden
können.

(81)　新発意　　/sińbotti/ 'in ein Kloster eintreten' (MC s̞ien
pï̯ʌ̲t̲ i̯əi)) (Yamamoto 1973: 74)
罰を　　　/kimi=no gobatto koomurite/ (< /gobat=(w)o/,
MC bï̯ʌ̲t̲) 'vom Herrscher bestraft werden' (Toyama
1972: 267)

Ein Überziehen des Silbenschlußnasals /ń/ in Verbindung
mit der Kasuspartikel /=(w)o/ ist noch bis zur *Genroku*-Zeit
(1688-1704) ab und zu zu finden (Yamamoto 1973: 74).

(82)　逆心の起こす　　/kyakusiń=(w)o okosu/ > /kyakusiń=no
okosu/ (MC ngi̯ak si̯ə̲m̲) 'Widerstand/Aufstand entstehen'

5.4. Lautwandel
5.4.1. Lautwandel am Silbenanlaut

Die labialisierten konsonantischen Silbenanlaute /kwa, gwa/
sowie /kwoo, gwoo/ (< MJ /kwɔɔ, gwɔɔ/ < KJ /kwau,
gwau/) werden im Neujapanischen zu /ka, ga/ beziehungsweise
zu /koo, goo/. Im *Ongyoku gyokuenshuu* (1727) wird zwar
ausdrücklich darauf hingewiesen, daß /kwa/ und /ka/ nicht
verwechselt werden sollen, aber bereits im *Katakoto* (1650)
besteht die Tendenz zur Aufgabe der Opposition (Toyama
1972: 252).

(83)　/nagare kwańzy˄ɔɔ/ > /nagare kańzyoo/ (Gedenkstätte
für nicht registrierte Personen, Ertrunkene und bei der
Geburt gestorbene) (EDJ 1974: 737)

Im *Ookyoku eikashoo* (1771, enthält Anweisungen zur Aussprache der *Noo*-Stücke) findet sich der Hinweis, daß z.B.

光 /_kw_ɔɔ/ 'leuchten' und 広 /_kw_ɔɔ/ 'weit' nicht mit _k_ɔɔ oder _koo_ (/ɔɔ/ > /oo/ vergleiche 5.4.5.2.) verwechselt werden sollen (Toyama 1972: 254). Im *Ukiyoburo* (1809-1813) findet man die Kritik einer Frau aus dem *Kamigata*-Gebiet, daß in der Edo-Sprache die Göttin /_Kwańoń_/ (Avalokiteśvara, Göttin der Gnade und des Mitleids) auch /_Kańoń_/ genannt wird und daß /_oryogwai_/ 'unerwartet' auch /_oryogee_/ (/ai/ > /ee/ vergleiche 5.2.4.) ausgesprochen wird (SNKBT 1989: 105). Bei Kämpfer (1777-1779) wird der Name der Göttin noch mit dem labialisierten konsonantischen Silbenanlaut, d.h. *Quanwon* (z.B. Bd. 2: 183), geschrieben.

Der in der *Kamigata*-Sprache noch vorhandene labialisierte konsonantische Silbenanlaut fällt in der Edo-Sprache allmählich mit dem rein konsonantischen Silbenanlaut, allerdings nur in der Umgangssprache, zusammen. In der von den Intellektuellen gesprochenen, normativen Edo-Sprache bleibt die Unterscheidung jedoch weiterhin erhalten (KG 1980: 72).

5.4.2. Lautwandel am Silbenauslaut

Der Implosiv am Silbenauslaut /t/ wird in der Edo-Zeit grundsätzlich zu der offenen Silbe /tu/ (Nakada 1972: 34).

(84) /_syooga**tu**_/ 'erster Monat eines Jahres' (EDJ 1974: 508)

5.4.3. Lautwandel des /f/ (*ha-gyoo tenkoon*)

Das Phonem /f/ ist ab dem Neujapanischen durch das Phonem /h/ zu ersetzen. /h/ wird vor /a, e, o/ als [h], vor /i/ als [ç] realisiert, und nur vor /u/ bleibt der bilabiale Laut [Φ] - jedoch in etwas abgeschwächter Form - erhalten. Im *Ongyoku gyokuenshuu* (1727) wird die Aussprache der Phonemkombinationen /ha, hi, he, ho/ mit Hilfe des noch vorhandenen bilabialen Lautes vor /u/ erläutert und durch *fuha, fuhi, fuhe, fuho* wiedergegeben (Sakanashi 1987: 55). Der Wandel von /f/ zu /h/ setzt in der *Kamigata*-Sprache etwa zur *Kanbun*-Zeit (1661-1673) und in der Edo-Sprache etwas später, etwa zur *Kyoohoo*-Zeit (1716-1736), ein (Arisaka 1938: 234). Kämpfer (1777-1779 Bd. 1: 100), der sich von 1690 bis 1692 in Japan aufgehalten hat, beschreibt noch: "Die Japaner können das H nicht anders als mit einem F ... aussprechen."

(85)   *Fokekjio* 'Lotos-Sutra' (Kämpfer 1777-1779 Bd. 2: 185)
         MJ */fo(k)kekyɔɔ/* > NJ */hokkekyoo/*

5.4.4. Lautwandel von [je] zu [e] und von [wo] zu [o]

Im Neujapanischen wird [je] zu [e] und [wo] zu [o], der genaue Zeitpunkt für diesen Wandel ist jedoch fraglich. Aus dem *Waji shooranshoo* (Wörterbuch, 1695) des Mönchs Keichuu (1640-1701) geht hervor, daß in der *Kamigata*-Sprache am Ende des 17. Jahrhunderts /e/ noch als [je] und /o/ noch als [wo] realisiert wird (Sakanashi 1987: 18 f.). Auch bei Kämpfer (1777-1779) wird die kaiserliche Residenzstadt durchgehend mit *Jedo* wiedergegeben. Hashimoto (1942: 352) nimmt für den Übergang von [je] zu [e] den Zeitraum von der *Genroku*-Zeit (1688-1704) bis zu der *Kyoohoo*-Zeit (1716-1735) an. Auch aufgrund der Beschreibung im *Tooga* (1717, etymologisches Werk, das die Phonetik beinhaltet (Wenck 1954: 240)) von Arai Hakuseki (1657-1725) wird vermutet, daß /e/ zu Beginn des 18. Jahrhunderts noch als [je] realisiert wird (Sakanashi 1987: 18 f.). Die ausdrücklichen Ausspracheregeln für [je] und [wo] im *Ongyoku gyokuenshuu* (1727) sowie im *Ookyoku eikashoo* (1771) deuten schließlich darauf hin, daß Mitte des 18. Jahrhunderts die übliche Aussprache dann [e] und [o] lautet (Yamamoto 1973: 70).

5.4.5. Vereinheitlichte Realisierung bestimmter Phonemgruppen
5.4.5.1. Vereinheitlichte Realisierung von /zi-di/ und /zu-du/
(yotsu-gana)

Die Aufgabe der Opposition bei der Aussprache der *Kana*-Silben /zi/ und /di/ sowie /zu/ und /du/, die bereits in der Muromachi-Zeit eingesetzt hat (Rodriguez 1604: 608), erfolgt im *Kamigata*-Gebiet gegen Ende des 17. Jahrhunderts, im *Kantoo*-Gebiet schon etwas früher (Toyama 1972: 247).

(86)   MJ: /zi/ anstelle von /di/: /dibañ/ (Giban) > /zibañ/
        (Jiban) 'der Boden' (Rodriguez 1604: 608)
        MJ: /zu/ anstelle von /du/: /midu/ (Midzu) > /mizu/
        (Mizu) 'das Wasser' Rodriguez 1604: 608)

Dem *Hokkekyoo zuionku* (entstanden 1620) von Nichion ist zu entnehmen, daß in Kyooto und auf dem Land - wahrscheinlich ist hiermit das buddhistische Zentrum um den Berg Minobu (in der heutigen Präfektur Yamanashi) gemeint - um die *Genna*-Zeit (1615-1624) MJ */midu/* 'Wasser', ursprünglich als [midzu] realisiert, zu */mizu/* [mizu] und daß MJ */momidi/* 'Ahorn', ursprünglich als [momidʒi] realisiert, zu */momizi/* [momiʒi] wird (Toyama 1972: 247). Im *Waji shooranshoo* (1695) wird für Kyooto dasselbe Ergebnis beschrieben, für die ländliche Gegend um den Berg Minobu ergibt sich jedoch, daß /zi/ zu [dʒi] und /zu/ zu [dzu] werden (Kamei 1950: 81). Kamei (1950: 81 f.) nimmt an, daß diese unterschiedlichen Realisierungen wohl eher durch dialektalen Einfluß bedingt seien, zusätzlich unterstützt dadurch, daß diese *Kana*-Silben um die *Genroku*-Zeit (1688-1704) nicht als reine Frikativa ausgesprochen worden seien. Er kommt zu dem Schluß, daß in Kyooto /zi, di/ zu [ʒi] und /zu, du/ zu [zu] werden; wenn aber ein Nasallaut vorausgehe, dann würden /zi, di/ zu [dʒi] und /zu, du/ zu [dzu]. Folglich hat es nach der Auffassung von Kamei (1950: 83) zumindest in Kyooto zwar die vier Realisierungen [ʒi, dʒi, zu, dzu] gegeben, aber keine bedeutungsunterscheidende Funktion zwischen /zi/ und /di/ sowie zwischen /zu/ und /du/.

In der Edo-Sprache hingegen werden /zi/ und /di/ als [dʒi] und /zu/ und /du/ als [dzu] realisiert, was aus den japanischen Lehrbüchern für Europäer und Amerikaner, die gegen Ende der Edo-Zeit erschienen sind, hervorgeht (KG 1980: 71).

5.4.5.2. Vereinheitlichte Realisierung des offenen /ɔɔ/ und des geschlossenen /oo/

Die Aufgabe der Opposition zwischen dem offenen /ɔɔ/ und dem geschlossenen /oo/ beginnt bereits im Mitteljapanischen (Karashima 1986: 17).

(87) */nyuutɔɔ/* > */nyuutoo/* 'buddhistischer Laienpriester' (*Bun'oo*-Zeit 1260)

Auch im *Heike-Monogatari* lassen sich bereits einige Beispiele dafür finden (Kamei 1962: 6 f.).

(88) */womɔɔte/ (vomŏte)* < */womoute/* ≙ */womoote/* (Partizip von */womou/* 'denken')
/*soo atte*/ *(sô atte)* < /*sau atte*/ ≙ /*sɔɔ atte*/ 'so ist es'

In der Grammatik von Rodriguez (1604: 639 f.) finden sich ebenfalls Hinweise für die Aufgabe dieser Opposition.

(89) */sifɔɔ fappɔɔ/ (xifŏ fappŏ)* 'alle Richtungen'
/*yofoo*/ *(yofô)* 'Westen'

In der frühen Phase der Edo-Zeit erfolgt endgültig die vereinheitlichte Realisierung als [o:] (Toyama 1972: 256). Zeitliche Hinweise für die Aufgabe der Opposition ergeben sich aus dem *Hokkekyoo zuionku* (1620). Während in Kyooto die Opposition bis zur *Genna*-Zeit (1615-1624) aufrechterhalten wird, scheint die exakte Unterscheidung selbst für die Intellektuellen der ländlichen Gegend des Berges Minobu (siehe 5.4.4.1.) problematisch zu sein; in Edo hingegen ist die Opposition wahrscheinlich bereits vor der *Genna*-Zeit aufgegeben worden (Toyama 1972: 258).

(90)   /sɔɔdańduku/ > /sooDańzuku/ 'ausführlich beraten' (EDJ 1974: 572)

5.4.6. Devokalisierung von /i/ und /u/

In der Grammatik von Rodriguez (1604) lassen sich noch keine Hinweise auf eine Devokalisierung dieser Vokale finden. Er weist im Gegenteil darauf hin, daß zu beachten sei, daß sich alle Wörter aus einfachen Silben, jeweils bestehend aus einem Konsonanten und einem Vokal, zusammensetzen (Rodriguez 1604: 645).

(91)   Ecclesia (portugiesisch) > */yekerezia/ (yequerejia)* 'Kirche'

Der älteste schriftliche Beleg für die Devokalisierung von /i/ und /u/ befindet sich bei Collado, der sich von 1619-1623 in Japan aufgehalten hat. Collado (1632: 4) schreibt, daß die beiden Vokale /i, u/ am Wortende nur schwer zu hören seien.

(92)   */fitotu/* > *fitòtç* 'ein Stück'
         /asi no fara/ > *àx no fara* 'ein Feld mit Schilf'

Bei Kämpfer (1777-1779) ist die Devokalisierung der beiden Vokale dann nicht mehr nur auf das Wortende beschränkt, sondern wird auch in der Umgebung von stimmlosen Konsonanten und /r/ notiert.

(93)   Nipon bas < */Nippońbasi/* 'Stadtteil von Edo' (Kämpfer 1777-1779 Bd. 2: 157)

Krosaki < /K̲urosaki/ (Ort in der alten Provinz Chiku-
zen, heutige Präfektur Fukuoka) (Kämpfer 1777-1779
Bd. 2: 208)
Omra < /Om̲ura/ (Ort in der alten Präfektur Chikugo,
heutige Präfektur Saga) (Kämpfer 1777-1779 Bd. 2: 202)

Miyajima (1961: 45 f.) macht darauf aufmerksam, daß bei
Kämpfer ein Zusammenhang zwischen der Devokalisierung
und dem Vokal der folgenden, mit einem stimmlosen Konsonanten oder mit /r/ anlautenden Silbe bestünde. Folgten die
weiten Vokale /a, e, o/, würden die Vokale /i, u/ devokalisiert,
vor den engen Vokalen /i, u/ blieben sie dagegen erhalten.

Siebold (1852) scheint jedoch einen Unterschied in der
Devokalisierung vor stimmlosen Konsonanten oder vor /r/ und
der Devokalisierung am Wortende zu sehen (nach Miyajima
1961: 44). Miyajima vermutet, daß Siebold bewußt sinojapanische
Wörter, die am Ende devokalisiert werden, vermeidet, da diese
Vokale wiederbelebt würden, wenn ihnen ein stimmhafter
Konsonant folge.

Zusammenfassend läßt sich sagen, daß im Neujapanischen
die Devokalisierung der beiden Vokale /i, u/ zu Beginn des
17. Jahrhunderts einsetzt und schließlich sowohl am Wortende
als auch vor stimmlosen Konsonanten oder vor /r/ zu erkennen ist.

6. Gegenwartsjapanisch: Meiji-Zeit (1868-1912), Taishoo-Zeit (1912-1926) und Shoowa-Zeit (1926-1989)

Nachdem 1858 die Aufgabe der Abschließungspolitik Japans von dem Amerikaner Perry endgültig erzwungen worden ist, entsteht sehr schnell ein enger Kontakt mit dem Westen. Die Meiji-Restauration von 1868 hat zur Folge, daß die Shogunatsregierung abtritt und die Macht an den Kaiser zurückfällt. Ebenfalls 1868 wird Edo zur neuen Hauptstadt Japans und in "Tookyoo" umbenannt, ab 1869 wird Tookyoo auch zur neuen kaiserlichen Residenz. Somit verlagert sich das Sprachzentrum endgültig von Kyooto nach Tookyoo, und die Sprache von Tookyoo wird zur offiziellen Hochsprache (Lewin 1959: 13). Die Öffnung gegenüber dem Ausland bringt die Übernahme vieler neuer Fremdwörter mit sich, die sich auch auf den Phonembestand des Japanischen auswirken.

Die Bewegung zur Vereinheitlichung von Umgangs- und Schriftsprache *(genbun itchi)* führt in der Meiji- und Taishoo-Zeit zur Annäherung der Schriftsprache an die Umgangssprache (Lewin 1959: 14). Nach dem 2. Weltkrieg erfolgt eine Schriftreform, die 1946 die Verwendung der chinesischen Wortschrift *(kanji)* auf 1850 Standardzeichen *(tooyoo kanji)* beschränkt, 1981 wurde diese Liste auf 1945 Standardzeichen *(jooyoo kanji)* erweitert. Gleichzeitig wird eine neue Silbenschriftorthographie *(gendai kanazukai)* festgelegt, die die bis dahin gültige historische Silbenschriftorthographie *(rekishiteki kanazukai)* ablöst und die der modernen Standardsprache *(hyoojungo)* angepaßt ist (Lewin 1968: 328 f., 400 f.).

6.1. SO-Laute-Tafel *(gojuuon-zu)*

Die neue Silbenschriftorthographie hat zur Folge, daß die beiden Silbenzeichen /wi/ (≙ [i]) und /we/ (≙ [e]) durch die

Silbenzeichen für /i/ beziehungsweise für /e/ ersetzt werden. Das Silbenzeichen /wo/ (≙ [o]) wird nur noch zur Darstellung der Kasuspartikel /=o/ benutzt, ansonsten wird es durch das Silbenzeichen für /o/ oder auch durch das Silbenzeichen für /u/ ersetzt (NDZ Band 8: 413).

a	ka	s	ta	na	ha	ma	ya	ra	wa
i	ki	si	ti	ni	hi	mi		ri	
u	ku	su	tu	nu	hu	mu	yu	ru	
e	ke	se	te	ne	he	me		re	
o	ko	so	to	no	ho	mo	yo	ro	o
ń									

6.2. Phoneme

Die Darstellung der Phoneme folgt der Systematisierung von Rickmeyer (1989: 28 ff.).

6.2.1. Vokale

Im Gegenwartsjapanischen gibt es die fünf Vokale /a, i, u, e, o/ mit ihren Lautwerten [a, i, ɯ, e, o] (HO 1981: 25 ff., 128).

(94)   /*aki*/ 'Herbst'
       /*iki*/ 'Atem'
       /*uki*/ 'Regenzeit'
       /*eki*/ 'Bahnhof'
       /*oki*/ 'das offene Meer'

Darstellung der japanischen Vokale im Verhältnis zu den Kardinalvokalen nach D. Jones (Uemura 1972: 276)

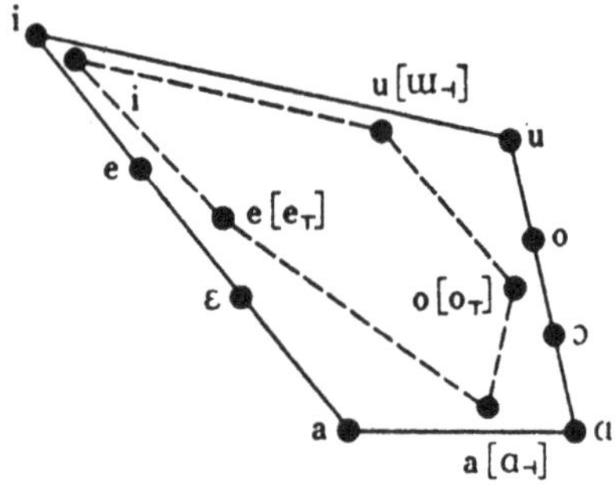

Darüber hinaus gibt es die Langvokale /aa, ii, uu, ee, oo/ mit ihren Lautwerten [aː, iː, ɯː, eː, oː] (Kindaichi/Maes 1978: 33).

(95)　/ob__a__saṅ/ 'Tante'　　　　- /ob__aa__saṅ/ 'Großmutter'
　　　/oz__i__saṅ/ 'Onkel'　　　　- /oz__ii__saṅ/ 'Großvater'
　　　/k__u__ki/ 'Stengel'　　　　- /k__uu__ki/ 'Luft'
　　　/__e__/ 'Bild'　　　　　　　- /__ee__/ 'ja'
　　　/t__o__ge/ 'Stachel'　　　　- /t__oo__ge/ 'Paß'

Der fallende Diphthong /ei/ wird im Gegenwartsjapanischen bis auf wenige Ausnahmen als Langvokal [eː] realisiert.

(96)　/s__e__/ 'Stromschnelle'　　- /s__ei__/ - [seː] 'Größe'
　　　　　　　　　　　　　　　/m__ei__/ - [mei] 'Nichte'

Vance (1987: 13) beschreibt, daß im allgemeinen bei einer sehr deutlichen Aussprache des Diphthongs /ei/ eine Realisierung als [ei] möglich sei, /ee/ könne hingegen nur als [eː] realisiert werden.

(97)　/k__ei__ki/ - [keːki] oder [keiki] 'Konjunktur'
　　　/k__ee__ki/ - ausschließlich [keːki] 'Kuchen'

Hinzu kommen nach Kindaichi/Maes (1978: 35) die fallenden Diphthonge /ai, oi, ui/, nach Wenck (1966: 19) auch noch die fallenden Diphthonge /au, ou/ sowie /ei/ mit ihren phonetischen Realisierungen als [ai, oi, ɯi, aɯ, oɯ, ei].

(98) /k<u>ai</u>sya/ 'Firma'
      /k<u>oi</u>/ 'Karpfen'
      /k<u>ui</u>/ 'Pfahl'
      /war<u>au</u>/ 'lachen'
      /hir<u>ou</u>/ 'auflesen'
      /m<u>ei</u>/ 'Nichte'

Kaneko/Neyer (1984: 84, 88) hingegen verneinen die Existenz sowohl von Diphthongen als auch von Langvokalen im Gegenwartsjapanischen.

6.2.2. Konsonanten und Semivokale

Es werden die 13 – beziehungsweise 15 – Konsonanten /k-g, s-z, t-d, h-b-p; n, ń, m; r; c, f/ unterschieden. Die beiden letzten Konsonanten /c, f/ sind nur bei Einbeziehung moderner Fremdwörter als eigene Phoneme einzustufen. Hinzu kommen die beiden Semivokale /y, w/.

Phonetische Realisierung der Konsonanten und Halbvokale (NKJ 1982: 17)

	bilabial	dental	alveolar	palatal	guttural	laryngal
Klusile						
stimmlos	p		t		k	
stimmhaft	b		d		g	
Nasale	m		n		ŋ N	
Frikative						
stimmlos	Φ	s	ʃ	ç		h
stimmhaft	w	z	ʒ	j		
Affrikaten						
stimmlos		ts	tʃ			
stimmhaft		dz	dʒ			
Liquida			ɾ			

Die Konsonanten /h, d*, b, p; n, m/ (*vergleiche auch unter /z/) sowie /y*, w/ (*vergleiche auch unter /sy, ty, zy, hy/) entsprechen den Lautwerten [k, d, b, p; n, m] sowie [j, w].

(99)   /_k_ai/ 'Stockwerk'
        /_d_ai/ 'Generation'
        /_b_ai/ 'doppelt'
        /_p_ai/ 'Mahjongstein'
        /_n_ai/ 'nicht sein'
        /_m_ai/ 'Tanz'
        /_y_a/ 'Pfeil'
        /_w_a/ 'Harmonie'

/r/ wird als Zungenspitzen-R mit einfachem Zungenanschlag, als sogenanntes flapped-r [ɾ], realisiert.

(100)   /_r_ai/ 'Lepra'

/g/ hat zwei Allophone: /g/ als [ŋ] nur im Inlaut, ansonsten als [g], das aber auch im Inlaut realisiert werden kann, insbesondere bei sinojapanischen Komposita, aber auch bei lautmalenden Wörtern.

(101)   /te_g_ami/ – [teŋami] 'Brief'
        /gi_g_i/ – [gigi] 'Zweifel'
        /gara_g_ara/ – [garagara] 'rasseln'

/s/ hat ebenfalls zwei Allophone: /s/ als [s] vor /a, u, e, o/ und als [ʃ] vor /i/ sowie als Realisierung von /sy/.

(102)   /_s_a/ – [sa] 'Unterschied'
        /_s_u/ – [sɯ] 'Nest'
        /_s_e/ – [se] 'Rücken'
        /_s_o/ – [so] 'Ahne'
        /_s_i/ – [ʃi] 'Geschichte'
        /_sy_o/ – [ʃo] 'Kalligraphie'

/t/ hat drei Allophone: /t/ als [t] vor /a, e, o/, als [tʃ] vor /i/ sowie als Realisierung von /ty/ und als [ts] vor /u/.

(103) /_ta_/ – [ta] 'Reisfeld'
       /_te_/ – [te] 'Hand'
       /_to_/ – [to] 'Tür'
       /_ti_/ – [tʃĩ] 'Blut'
       /_tv_a/ – [tʃa] 'Tee'
       /_tu_/ – [tsɯ] 'Hafen'

/h/ hat ebenfalls drei Allophone: /h/ als [h] vor /a, e, o/, als [ç] vor /i/ sowie als Realisierung von /hy/ und als [Φ] vor /u/.

(104) /_ha_/ – [ha] 'Laub'
       /_he_/ – [he] 'Furz'
       /_ho_/ – [ho] 'Segel'
       /_hi_/ – [çi] 'Feuer'
       /_hy_oo/ – [çjo:] 'Leopard'
       /_hu_/ – [Φɯ] 'Frau'

/z/ hat vier Allophone: /z/ als [z – dz] vor /a, u, e, o/, als [ʒ – dʒ] vor /i/ sowie als Realisierung von /zy/. Die Affrikaten werden im Anlaut und die Frikative im Inlaut realisiert (vergleiche HO 1981: 42).

(105) /_za_/ – [dza] 'Platz'
       /_zu_/ – [dzɯ] 'Bild'
       /_ze_/ – [dze] 'richtig'
       /_zoo_/ – [dzo:] 'Statue'
       /_zi_/ – [dʒi] 'Schriftzeichen'
       /_zy_o/ – [dʒo] 'Frau'
       /go_za_/ – [goza] 'Binsenmatte'
       /saku_zu_/ – [sakɯzɯ] 'Zeichnung'
       /koku_ze_/ – [kokɯze] 'politisches Prinzip'
       /ei_zoo_/ – [e:zo:] 'Spiegelbild'

/kańzi/ - [kanʒi] 'chinesische Wortschrift'
/kanozyo/ - [kanoʒo] 'sie'

Bei Wortkomposita kann das Phonem /t/ verstimmhaftet werden, dabei wird /t/ vor /u/ ebenfalls als Frikativ [z] sowie vor /i/ und /y/ als Frikativ [ʒ] realisiert, d.h. die distinktive Opposition zwischen /d/ und /z/ geht vor /u, i/ und vor /y/ verloren (Wenck 1966: 16, 27).

(106) /ki(=ga) tuku/ > /kizuku/ - [kizɯkɯ] 'bemerken'
       /mi(=ni) tikai/ > /mizika/ - [miʒika] 'naheliegend'

Der Silbenschlußnasal /ń/ hat fünf Allophone: /ń/ als [m] vor /p, b, m/, als [ŋ] vor /k, g/, als /N/ im Auslaut, als [~] vor /s, h, w, y/ und vor Vokalen - d.h., es handelt sich um einen an den Folgelaut assimilierten nasalen Zwischenlaut - sowie ansonsten als [n].

(107) /sańpo/- [sampo] 'Spaziergang'
       /sińbuń/ - [ʃimbɯN] 'Zeitung'
       /seńmoń/ - [semmoN] 'Spezialgebiet'
       /teńki/ - [teŋki] 'Wetter'
       /sińgi/ - [ʃiŋgi] 'Beratung'
       /nihoń/ - [nihoN] 'Japan'
       /deńsya/ - [dẽʃa] 'Zug'
       /sińhatumei/ - [ʃĩhatsɯme:] 'Neuentdeckung'
       /sińwa/ - [ʃĩwa] 'Freundschaft'
       /kińyoo/ - [kĩjo:] 'Freitag'
       /ońiń/ - [õiN] 'Laut'
       /kańtań/ - [kantaN] 'einfach'
       /dańdań/ - [dandaN] 'allmählich'
       /kańzi/ - [kanʒi] 'chinesische Wortschrift'

In japanischen Wörtern befinden sich die phonetischen Realisierungen des Phonems /h/ in einer komplementären Distribution (siehe Beispiel (104)). In modernen Fremdwörtern haben [ç] und [h] dieselbe Distribution, [Φ] kann hingegen vor allen Vokalen realisiert werden (vergleiche Kindaichi/Maes 1978: 15).

(108) /_fa_miri/ – [Φamiɾi] 'Familie'
       /_fi_rumu/ – [Φiɾɯmɯ] 'Film'
       /_fu_ruuto/ – [Φɯɾɯ:to] 'Flöte'
       /_fe_minizumu/ – [Φeminizɯmɯ] 'Feminismus'
       /_foo_kasu/ – [Φo:kasɯ] 'Fokus'

Dies hat zur Folge, daß /h/ ein Allophon verliert und nur noch als [h, ç] realisiert wird und daß die phonetische Realisierung [Φ] als eigenständiges Phonem /f/ anzusehen ist.

Ebenso befinden sich die phonetischen Realisierungen des Phonems /t/ – [t, tʃ, ts] in japanischen Wörtern in einer komplementären Distribution (siehe Beispiel (103)). In modernen Fremdwörtern hingegen wird /t/ auch vor /i, u/ als [t] realisiert (Vance 1987: 23).

(109) /_tutti_/ – [tɯt:i] 'tutti' (italienisch)

Es ergibt sich infolgedessen für das Phonem /t/ die einheitliche Realisierung als [t] vor allen Vokalen, d.h., /t/ verliert alle seine Allophone (vergleiche Vance 1987: 23 f.). Die phonetischen Realisierungen [tʃ, ts] befinden sich nun ihrerseits in modernen Fremdwörtern in einer komplementären Distribution und können somit phonematisch durch /c/ wiedergegeben werden; [ts] wird vor den Vokalen /a, u, e, o/ realisiert, [tʃ] vor dem Vokal /i/ und vor dem Semivokal /y/.

(110) /_c_aa/ – [tsa:] 'Zar'
       /_c_uurań/ – [tsɯ:ɾaN] (Baseball: Lauf über alle vier Male)
       /_c_ecebae/ – [tsetsebae] 'Tsetse-Fliege'
       /kań_c_oone/ – [kantso:ne] 'Canzone' (italienisch)
       /_c_iizu/ – [tʃi:zɯ] 'Käse'
       /_c_yero/ – [tʃeɾo] 'Cello'

Die Integration des Phonems /f/ in das japanische Phonemsystem wäre ohne weiteres möglich. Bei /c/ würde dies
jedoch bei den konsonantischen Verben auf /t/ bedeuten, daß
die Basisform einerseits und der Stamm in Verbindung mit
dem Präsensflexiv /-u/ andererseits nur durch die Alternation
des Stammkonsonanten /t/ nach /c/ gebildet werden könnte,
d.h. es müßte zwangsläufig ein Phonemwechsel von /t/ nach
/c/ stattfinden.

(111) */matimasu/* > */macimasu/* - [matʃimasɯ] 'warten' (for-
       meller Stil)
       /matu/ > */macu/* - [matsɯ] 'warten'
       /mate/ bliebe */mate/* - [mate] 'warte!'

Aus diesem Grunde werden die beiden Phoneme /f, c/ im
Gegenwartsjapanischen nur bei der Einbeziehung moderner
Fremdwörter als eigene Phoneme eingestuft.

6.2.3. Silbenbau und Phonemkombinationen

Der Silbenbau des Gegenwartsjapanischen hat die Struktur
(C_1) (S) V_1 (V_2) (C_2).
Die typisch japanische Silbe ist offen und beginnt mit einem
Konsonanten oder mit einem Semivokal. Die Silbenstruktur
*/CCV/ existiert nicht (vergleiche Kindaichi/Maes 1978: 12).

(112) */ka/* - /CV/ 'Mücke'
       /ya/ - /SV/ 'Pfeil'

Ausnahmen bilden vokalisch anlautende Silben, mit einem
Konsonanten plus Semivokal anlautende Silben sowie die auf
einen Konsonanten auslautenden Silben (vergleiche Kindaichi/
Maes 1978:12).

(113) /e/ - /V/ 'Bild'
       /syo/ - /CSV/ 'Kalligraphie'
       /sań/ - /CVC/ 'drei'

Außer in Fremdwörtern kommt /w/ nur vor /a/ vor und /y/ nur vor /a, u, o/. Vor /y/ können als Silbenanlaute alle konsonantischen Phoneme - mit Ausnahme des Silbenschlußnasals /ń/ - stehen.

(114) /_wa_/ 'Harmonie'
       /_ya_/ 'Pfeil'
       /_yu_/ 'Warmwasser'
       /_yo_/ 'Nacht'
       /k_ya_ku/ 'Gast'

Der Silbenschlußnasal /ń/ kann vor jedem anderen Konsonanten und den beiden Semivokalen (siehe Beispiel (107)) sowie als Silbenauslaut C_2 wort- beziehungsweise morphemfinal stehen (vergleiche Kaneko/Neyer 1984: 86). Innerhalb von Einwortphrasen können darüber hinaus auch die Konsonanten /s, t, p, k/ sowie bei Fremdwörtern beispielsweise auch die Konsonanten /h, d, g, z/ als Silbenauslaut stehen (HO 1981: 73 ff., 164 ff.). Diese Konsonanten sind grundsätzlich identisch mit den Anlautkonsonanten der folgenden Silben und bilden somit Doppelkonsonanten.

(115) /wa_ń_/ 'Bucht'
       /ki_ń_ka/ 'Goldmünze'
       /ka_ss_ai/ - [kas:ai] 'Beifall' vs. /ka_s_ai/ - [kasai] 'Brand'
       /to_ss_iń/ - [toʃ:in] 'sich stürzen' vs. /to_s_iń/ - [toʃin]
       'Hauptstadtzenturm'
       /i_tt_a/ - [it:a] 'gesagt, gegangen' vs. /i_t_a/ - [ita] 'war'
       /i_tt_i/ - [it:ʃi] 'Übereinstimmung' vs. /i_t_i/ - [itʃi] 'eins'
       /i_tt_uu/ - [it:sɯ:] 'ein (+ Zähleinheit für Briefe u.a.
       Schriftstücke)' vs. /i_t_uu/ - [itsɯ:] 'Magenschmerzen'
       /su_pp_ai/ - [sɯp:ai] 'sauer' vs. /su_p_ai/ - [sɯpai] 'Spion'

/a*kk*i/ - [ak:i] 'böser Geist' vs. /a*k*i/ - [aki] 'Herbst'
/go*hh*o/ - [goh:o] 'van Goch' (Maler)
/be*dd*o/ - [bed:o] 'Bett'
/ba*gg*u/ - [bag:ɯ] 'Tasche'
/ba*zz*i/ - [bad:ʒi] 'Abzeichen'

6.3. Lautverschleifungen

In der gegenwärtigen Standardsprache können einige Syntag-
men durch Lautverschleifungen verkürzt werden (vergleiche
Morphem- und Wortindex bei Rickmeyer 1983: 383 ff.).

6.3.1. Lautverschleifungen beim Anschluß der Fokuspartikel /=wa/

Beim Anschluß der Fokuspartikel /=wa/. die in der gesprochenen Umgangssprache oft zu /=ya/ wird, an die Partikel
/=de/ oder an das Flexiv des Partizips der Verben /-Te/
sowie an das Flexiv des Partizips der Adjektive /-kute/ können
Verschleifungen zu palatalisierten konsonantischen Silbenanlauten entstehen.

(116)　　/=de=wa/ > /=zya/ oder /=zyaa/
　　　　/-kute=wa/ > /-kutya/
　　　　/uta nańte ki=ga muita toki=*zya* na*kutya* utae=ya sinai=
　　　　wa/ < /toki=*de=wa* na.*kute=wa*/ 'Leider kann ich nur
　　　　singen, wenn ich dazu in Stimmung bin.' (Rickmeyer
　　　　1983: 126)

　　　　/-Te=wa/ - /-te=wa/ > /-tya/
　　　　　　　- /-de=wa/ > /-zya/
　　　　/it*tya* ikenai/ < /it.*te=wa*/ '(du) darfst nicht gehen'
　　　　(KJ 1972: 740)
　　　　/sińzya/ < /siń.*de=wa*/ 'wenn (du) stirbst' (NKJ 1982: 51)

6.3.2. Lautverschleifungen zwischen dem Flexiv des Partizips /-Te/ und unmittelbar folgenden Verben

Zwischen dem Flexiv des Partizips /-Te/ und unmittelbar folgenden Verben kann es zu Lautverschleifungen kommen, wenn diese Verben mit einem Vokal beginnen oder wenn es sich um das Verb /simau/ 'beenden' handelt. Bei Verben, die mit einem /a/ oder /o/ beginnen, wird das /e/ des Flexivs /-Te/ eliminiert; beginnt das folgende Verb mit einem /i/, so wird dieses /i/ eliminiert, und das Flexiv /-Te/ bleibt voll erhalten (Rickmeyer 1983: 130, NKJ 1982: 51). Das Verb /simau/ wird mit dem Allomorph des Partizips /-te/ zu /-timau/ oder /-tyau/ und mit dem Allomorph /-de/ zu /-zimau/ oder /-zyau/ kontrahiert (Rickmeyer 1983: 136).

(117) /-Te ageru/ > /-tageru, -dageru/
/yonde ageru/ > /yondageru/ '(für jemanden etwas) lesen'
/-Te oku/ > /-toku, -doku/
/yatte oku/ > /yattoku/ '(vorsorglich etwas) machen'
/-Te iru/ > /-teru, -deru/
/mite inai/ > /mitenai/ 'nicht gesehen haben'
/-Te simau/ > /-timau, -zimau/ oder /-tyau, -zyau/
/wasurete simau/ > /wasuretimau/ oder /wasuretyau/ 'ganz vergessen'
/sinde simau/ > /sinzimau/ oder /sinzyau/ 'sterben'

6.3.3. Lautverschleifungen beim Flexiv des Konditionals /-kereba/

Das Flexiv des Konditionals der Adjektive /-kereba/ kann zu /-kerya/ oder /-kya/ verschliffen werden (Rickmeyer 1983: 210).

(118) /sore=made=ni sukosi=wa doitugo=ga dekina<u>kya</u>/ <
/dekina<u>kereba</u>/ 'Bis dahin mußt du schon ein bißchen
Deutsch können.'

6.3.4. Lautverschleifungen des Partikelnomens /=no/

Das Partikelnomen /=no/ wird häufig vor den Partikelverben
/=da, =desu/ und vor der Partikel /=de/ zu /=ń/ verschliffen
(Rickmeyer 1983: 100).

(119) /=no=da/ > /=ń=da/
/sińbuń kisya=ni natta=<u>ń</u>=<u>da</u>=tte=ne/ 'Er sagt, er sei
Journalist geworden.'
/=no=desu/ > /=ń=desu/
/okane=ga taranai=<u>ń</u>=<u>desu</u>/ (Lewin 1959:192) 'das Geld
reicht nämlich nicht'
/=no=de/ > /=ń=de/
/nakanaka omosiroi=<u>ń</u>=<u>de</u> sukkari omikosi suetimatta/
'Da es so interessant ist, habe ich es mir gemütlich
gemacht.' (KJ 1972: 1258)

7. Diachrone Zusammenfassung

Abschließend werden die wichtigsten Ergebnisse des Lautwandels anhand von Tabellen dagestellt.

Sprachwissenschaftliche Phänomene lassen - im Gegensatz zu historisch-politischen Ereignissen - in den seltensten Fällen exakte Datierungen zu. Zwischen den einzelnen Sprachstadien bestehen unterschliedlich lange Übergangsphasen, in denen das alte zum Teil noch beziehungsweise das neue zum Teil schon Gültigkeit besitzt. Diese Übergangsphasen sind in der Tabelle als Grauzone markiert.

Die folgende spezifisch sprachwissenschaftliche Periodisierung für die jeweilige Standardsprache, die die Sprache der kulturtragenden Gesellschaftsschicht in den Metropolen widerspiegelt, erfolgt in Anlehnung an Rickmeyer ("Japanische Sprachgeschichte" - Seminar -, Philipps-Universität Marburg, Sommersemester 1988).

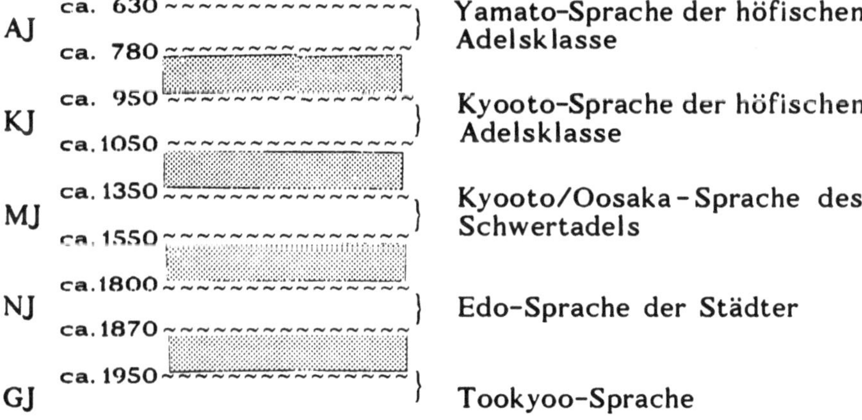

7.1. Japanische Lautgeschichte im Überblick
7.2. Vereinheitlichungsprozesse bestimmter phonetischer Realisierungen

Tabellen siehe Faltblatt am Ende des Buches.

7.3. Lautwandel des /f/

(im Vergleich mit der Entwicklung des sinojapanischen Phonems /p/ und des Phonems /f/ in modernen Fremdwörtern)

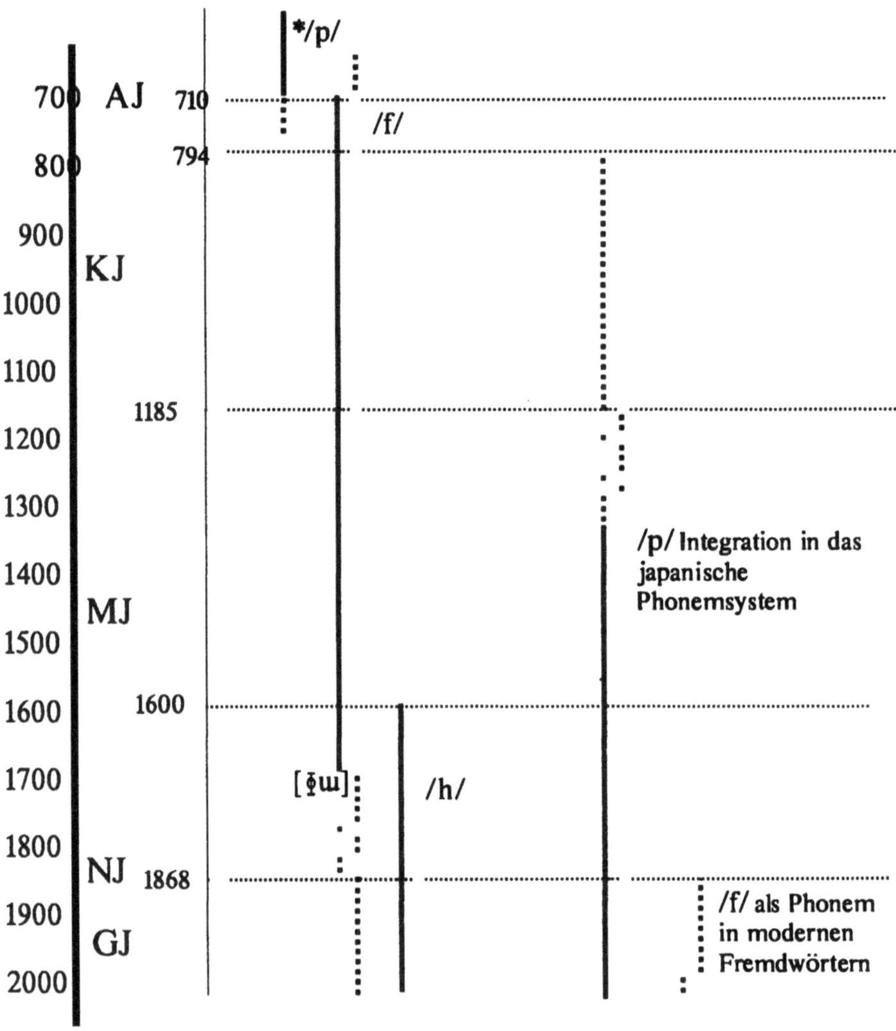

7.4. Entwicklungsprozesse bestimmter Phonemkombinationen

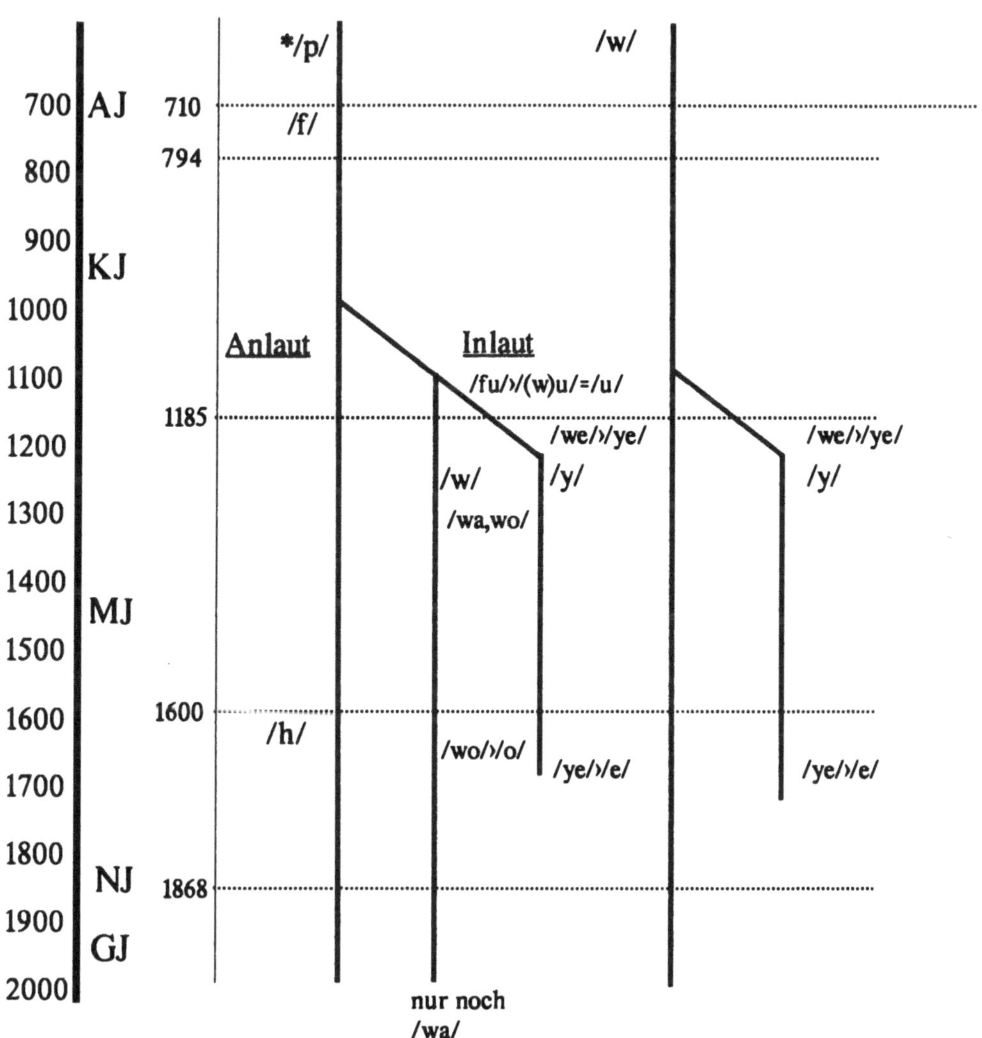

Glossar

bungo	Schriftsprache
chooon	Langvokale
dakuon	die stimmhaften Konsonanten /d, g, b, z/ ('getrübte Laute')
dakuonpu	'Trübungszeichen'
dakuten	'Trübungszeichen'
dan	horizontale Stufe der 50-Laute-Tafel
genbun itchi	Vereinheitlichung von Umgangs- und Schriftsprache
gendai kanazukai	moderne Silbenschrift-Orthographie
gojuuon-zu	50-Laute-Tafel
gooyooon	labialisierte konsonantische Silbenanlaute
gunki-mono	Kriegsepen
gyoo	vertikal geschriebene Zeile der 50-Laute-Tafel
ha-gyoo tenkoon	Lautwandel des /f/
haiku	Gedichtform mit 17 Silben
handakuon	stimmloser bilabialer Klusil /p/ ('halbgetrübter Laut')
hatsu-onbin	Lautverschleifungen zu Nasallauten bzw. zum Silbenschlußnasal /ñ/
hatsuon	Nasallaut
hentaigana	'entlehnte Zeichen abweichender Gestalt'
hifukukei	Kompositaform ('bedeckte Form')
hiragana	kursive Silbenschrift ('vollständig entlehnte Schriftzeichen')
hyoojungo	moderne japanische Standardssprache

/i/-onbin	Lautverschleifungen zu /i/
itaigana	'entlehnte Zeichen unterschiedlicher Gestalt'
joodai tokushu kanazukai	altjapanische Sonderschreibweise
jooruri	Begleitgesänge für das japanische Puppentheater
jooyoo kanji	1945 Standardschriftzeichen (vgl. *tooyoo kanji*)
kaiyooon	palatalisierte konsonantische Silbenanlaute
kana	japanische Silbenzeichen
kanbun	chinesisch geschriebene Texte
kango	Sinojapanisch
kanji	'chinesische Wortschrift'
katakana	Silbenschrift, die aus charakteristischen Teilen der jeweils zugrundeliegenden chinesischen Wortschrift besteht ('teilweise entlehnte Schriftzeichen')
kirishitan-mono	Aufzeichnungen der christlichen Missionare in den Jahren 1549–1635
kokkeibon	humoristische Erzählungen, Ende 18. bis Ende 19. Jahrhundert
koogo	gesprochene Sprache
koo-rui	Gruppe 1 der paarigen Opposition, z.B. /kí/
kungana	'mit japanischer Lesung entlehnte Zeichen'
kunten	Lesungsglosse für chinesische Texte
kunten shiryoo	Glossentexte
kyoogen	heitere Zwischenspiele bei *Noo*-Stücken
mana	siehe *Man'yoogana*

Man'yoogana	phonographisch gebrauchte chinesische Wortschriftzeichen
nigoriten	'Trübungszeichen'
nisshooon	Implosiv, im Sinne von nicht entspannten stimmlosen Plosiven
norito	*Shintoo*-Gebete
onbin	Lautverschleifungen
ongana	'mit sinojapanischer Lesung entlehnte Zeichen'
on'in	Laut
onnade	'Frauenschrift'
onnaji	'Frauenschrift'
onnamoji	'Frauenschrift'
otsu-rui	Gruppe 2 der paarigen Opposition, z.B. /kì/
rekishiteki kanazukai	historische Silbenschrift-Orthographie, die sich an der Orthographie des KJ orientiert und bis 1946 Geltung besaß
rendaku	Verstimmhaftung in Komposita
renga	Kettengedichte
roshutsukei	isolierte Form ('nackte Form')
sakoku	Zeit der Abschließungspolitik 1639–1858
seion	*Kana*-Silben mit den Konsonanten /k, s, t, n, h, m, r, ń/, den Semivokalen /y. w/ sowie den Vokalen /a, i, u, e, o/ ('reine Laute')
senmyoo	in japanischer Sprache abgefaßte kaiserliche Erlasse zur mündlichen Verkündung, ca. 7. und 8. Jahrhundert
sharebon	Unterhaltungsschriften über die Freudenviertel, ca. 18. Jahrhundert, ab 1790 verboten

shoomono	philologische Kommentare zu in chinesischer Schriftsprache abgefaßter Literatur
soku-onbin	Lautverschleifungen zu stimmlosen langen Konsonanten
tooyoo kanji	1850 Standardschriftzeichen von 1946 bis 1981, ab 1981 auf 1945 Standardschriftzeichen *(jooyoo kanji)* erweitert
/u/-onbin	Lautverschleifungen zu /u/
wabun	japanisch geschriebene Texte
wago	Japanisch
yooon	palatalisierte und labialisierte konsonantische Silbenanlaute
yotsugana	die vier *Kana* für /zi, di, zu, du/

Schreibung der japanischen Wörter

文語	bungo
長音	chooon
濁音	dakuon
濁音符	dakuonpu
濁点	dakuten
段	dan
言文一致	genbun itchi
現代仮名遣	gendai kanazukai
五十音図	gojuuon-zu
合拗音	gooyooon
軍記物	gunki-mono
行	gyoo
ハ行転呼音	ha-gyoo tenkoon
俳句	haiku
半濁音	handakuon
撥音	hatsuon
撥音便	hatsu-onbin
変体仮名	hentaigana
被覆形	hifukukei
平仮名	hiragana
標準語	hyoojungo
イ音便	i-onbin
異体仮名	itaigana
上代特殊仮名遣	joodai tokushu kanazukai
浄瑠璃	jooruri
常用漢字	jooyoo kanji

開拗音	kaiyooon
仮名	kana
漢文	kanbun
漢語	kango
漢字	kanji
片仮名	katakana
キリシタン物	kirishitan-mono
滑稽本	kokkeibon
口語	koogo
甲類	koo-rui
訓仮名	kungana
訓点	kunten
訓点資料	kunten shiryoo
狂言	kyoogen
真名	mana
万葉仮名	man'yoogana
濁り点	nigoriten
入声音	nisshooon
祝詞	norito
音便	onbin
音仮名	ongana
音韻	on'in
女手	onnade
女字	onnaji
女文字	onnamoji
乙類	otsu-rui
歴史的仮名遣	rekishiteki kanazukai
連濁	rendaku

連歌	renga
露出形	roshutsukei
鎖国	sakoku
清音	seion
宣命	senmyoo
洒落本	sharebon
抄物	shoomono
足音便	soku-onbin
当用漢字	tooyoo kanji
ウ音便	u-onbin
和文	wabun
和語	wago
拗音	yooon
四つ仮名	yotsugana

Literaturverzeichnis
(ohne Ortsangabe = Tookyoo)

Arisaka Hideyo (1931): *Kokugo ni arawareru isshu no boin kootai ni tsuite;* in: Arisaka Hideyo (1957), S. 3-68

Arisaka Hideyo (1932): *Kojiki ni okeru mo no kana no yoohoo ni tsuite;* in: Arisaka Hideyo (1957), S. 83-101

Arisaka Hideyo (1934): *Kodai nihongo ni okeru onsetsu ketsugoo no hoosoku;* in: Arisaka Hideyo (1957), S. 103-116

Arisaka Hideyo (1936): *Joodai ni okeru sa-gyoo no tooon:* in: Arisaka Hideyo (1957), S. 145-159

Arisaka Hideyo (1937): *Shinsen jikyoo ni okeru ko no kana no yoohoo;* in: Arisaka Hideyo (1957), S. 131-144

Arisaka Hideyo (1938): *Edo jidai nakagoro ni okeru ha no tooon ni tsuite;* in: Arisaka Hideyo (1957), S. 221-243

Arisaka Hideyo (1955): *Narachoo jidai ni okeru kokugo no on'in soshiki ni tsuite;* in: Arisaka Hideyo (1955): *Joodai on'inkoo,* S. 380-739, Sanseidoo

Arisaka Hideyo (1957): *Kokugo on'inshi no kenkyuu,* Sanseidoo

Collado Diego (1632): Ars Grammaticae Japonicae Linguae, übersetzt von Ootsuka Takanobu (1957): *Nihon bunten,* Kazama Shoboo

Doi Tadao (Hg.) (1957): *Nihongo no rekishi.* Shibundoo

Doi Tadao u.a. (Hg.) (1980): *Hooyaku nippo jisho* - Vocabulario da Lingoa de Japam 1603 -, Iwanami

Donath-Wiegand, Margarete (1963): Zur literaturhistorischen Stellung des *Ukiyoburo* von Shikitei Samba, Wiesbaden

EDJ: Maeda Isamu (Hg.) (1974): *Edogo daijiten,* Koodansha

Fischer, Claus/Kishitani Shoko/Lewin, Bruno (1974): Japanische Sprachwissenschaft, Sanshuusha

GMJ: Kitayama Keita (1957): *Genji monogatari jiten,* Heibonsha

Hänze, Bernd (1986): Grundriß des Altjapanischen, Magisterarbeit an der Universität Marburg (Übersetzung aus JKD)

Hall, John W. (1981): Geschichte bis zum Ende des zweiten Weltkriegs, in: Hammitzsch, Horst (1981), Spalte 275-298

Hammitzsch, Horst (Hg.) (1981): Japan-Handbuch. Wiesbaden

Hashimoto Shinkichi (1927 a): *Muromachi makki no onsei soshiki;* in: Hashimoto Shinkichi (1966), S. 64-100

Hashimoto Shinkichi (1927 b): *Muromachi makki kara gendai ni itaru made no onsei no hensen:* in: Hashimoto Shinkichi (1966), S. 101-136

Hashimoto Shinkichi (1941): *Kodai kokugo no on'in ni tsuite;* in: Hashimoto Shinkichi (1950), S. 105-199

Hashimoto Shinkichi (1942): *Gendai hyoojungo no e onsetsu no yurai:* in: Hashimoto Shinkichi (1966), S. 313-352

Hashimoto Shinkichi (1944): *Kokugo no onsetsu koozoo no tokushitsu ni tsuite;* in: Hashimoto Shinkichi (1950), S. 229-260

Hashimoto Shinkichi (1950): *Kokugo on'in no kenkyuu*, Iwanami

Hashimoto Shinkichi (1966): *Kokugo on'inshi*, Iwanami

Hashimoto Shiroo (1980): *Nara jidai no kokugo:* in: KGD (1980), S. 661-668

Hattori Shiroo (1976 a): *Joodai nihongo no boin taikei to boin choowa:* in: *Gengo*, Vol. 5 No. 6, S. 3-14

Hattori Shiroo (1976 b): *Joodai nihongo no boin onkei wa muttsu de atte yattsu de wa nai:* in: *Gengo* Vol. 5, No. 12, S. 69-79

HO: Kokusai kooryuu kikin (Hg.) (1981): *Hatsuon-kyooshiyoo nihongo kyooiku handobukku 6*, Bonjinsha

IKJ: Oono Susumu u.a. (Hg.) (1974): *Iwanami kogo jiten.* Iwanami

Iwai Yoshio (1976): *Genji monogatari gohookoo.* Kasama shoin

Iwai Yoshio (1973): *Nihon gohooshi Muromachi jidaihen,* Kasama shoin

Iwai Yoshio (1974): *Nihon gohooshi Edo jidaihen.* Kasama shoin

JKD: Joodaigo jiten henshuu iin kai (1967): *Jidai-betsu kokugo daijiten - Joodai-hen,* Sanseidoo

JKD/MJ: Muromachi-jidaigo jiten henshuu iin kai (1989): *Jidai-betsu kokugo daijiten - Muromachi-jidaihen 2.* Sanseidoo

Kämpfer, Engelbert (1777-1779): Geschichte und Beschreibung von Japan, 2 Bände, hg. v. Christian Wilhelm Dohm, Lemgo: Nachdruck 1964, Stuttgart

Kamei Takashi (1950): *Kenshuku ryookoshuu o chuushin ni mita yotsugana;* in: *Kokugogaku 4*, S. 75-88

Kamei Takashi (1962): *"o-dan no (chooon) ho kaigoo" no konran o meguru ichi hookoku;* in: *Kokugo kokubun 31*, S. 1-28

Kaneko Tohru, Neyer, Franz-Anton (1984): Vergleich der Lautstrukturen des Deutschen und des Japanischen; in: Kaneko T. und Stickel G. (Hg.): Deutsch und Japanisch im Kontrast, Band 1. Heidelberg, S. 64-106

Karashima Mie (1986): *Kokugo shiryoo to shite no kana bunsho - Kamakura jidai no o-dan chooon no kaigoo to yotsugana no konran hyooki o tsuujite;* in: *Kokugogaku 146*, S. 13-29

KEJ: Kodansha (Hg.) (1983): Kodansha Encyclopedia of Japan. (Koodansha)

KGD: Kokugo gakkai (Hg.) (1980): *Kokugogaku daijiten;* Tookyoodoo

Kindaichi Haruhiko et Maes, Hubert (1978): Phonologie du Japonais Standard, Université de Paris 7, Traveaux de Linguistique Japonaise, Volume V

Kitayama Keita (1957): *Genji monogatari jiten,* Heibonsha

KJ: Kenboo Hidetoshi u.a. (Hg.) (1972): *Shinmeikai kokugo jiten.* 3. Auflage 1981, Sanseidoo

Kobayashi Yoshinori (1967): *Heian kamakura jidai ni okeru kanseki kundoku no kokugoshiteki kenkyuu,* Tookyoo daigaku shuppankai

Komatsu Hisao (1985): *Edo-jidai no kokugo - Edogo,* Tookyoodoo

Lange, Roland A. (1973): The Phonology of Eighth-Century Japanese, Tookyoo, Sophia University

Lewin, Bruno (1959): Abriß der japanischen Grammatik, 2. Auflage 1975, Wiesbaden

Lewin, Bruno (1968): Kleines Wörterbuch der Japanologie. Wiesbaden

Lewin, Bruno (1981): Sprachlaute, in: Hammitzsch, Horst (1981), Spalte 1774-1778

Lewin, Bruno (Hg.) (1989): Sprache und Schrift Japans. Leiden

Lyons, John (1971): Einführung in die moderne Linguistik, München

Mabuchi Kazuo (1968): *Joodai no kotoba.* Shinbundoo

Maeda Isamu (Hg.) (1974): *Edogo daijiten.* Koodansha

Matsumura Akira (1957): *Edogo tookyoogo no kenkyuu,* Tookyoodoo

Matsumura Akira (1977): *Kindai no kokugo - Edo kara gendai e,* Oofuusha

Matsumura Akira (1980): *Edo jidai kooki no kokugo;* in: KGD (1980), S. 70-74

Matsumura Hiroji (Hg.) (1968): *Makura no sooshi soosakuin.* Ubun shoin, 2. Auflage

Miller, Roy Andrew (1967): The Japanese Language, London

Miller, Roy Andrew (1986): Nihongo: In defense of Japanese, London

Miyajima Tatsuo (1961): *Boin no museika wa itsu kara atta ka;* in: *Kokugogaku 45,* S. 38-48

Morohashi Tetsuji (1981): *Koo kanwa jiten,* 4 Bände, Taishuukan

Müller-Yokota, Wolfram (1987): Abriß der geschichtlichen Entwicklung der Schrift in Japan; in: Bochumer Jahrbuch zur Ostasienforschung, Band 10, S. 1-73

Nakada (Nakata) Norio (Hg.) (1972): *Kooza kokugoshi 2 on'inshi, mojishi,* Taishuukan

NDZ: Nihon daihyakka zensho, Encyclopedia Nipponica 2001 (1984-1989), 25 Bände, Shoogakukan

Nelson, Andrew Nathaniel (1962): Japanese-English Character Dictionary, 2. Auflage 1974 Rutland, Vermont

NHD: Kindaichi Haruhiko u.a. (Hg.) (1988): *Nihongo hyakka daijiten,* Taishuukan

NKBT: Nihon koten bungaku taikei (1957): *Ukiyoburo.* Band 63, Iwanami

NKBT: Nihon koten bungaku taikei (1958-1963): *Genji monogatari,* Band 14-18, Iwanami

NKBT: Nihon koten bungaku taikei (1963): *Konjaku monogatari-shuu,* Band 26, Iwanami

NKD: Nihon kokugo daijiten (1972-1976), 20 Bände, Shoogakukan

NKJ: Oogawa Yoshio u.a. (Hg.) (1982): *Nihongo kyooiku jiten*, Taishuukan

Numoto Katsuaki (1986): *Nihon kanjion no rekishi*, Tookyoodoo

O'Connor, J.D. (1973): Phonetics, Harmondsworth, Middlesex

OD: Nihon onsei gakkai (Hg.)(1976): *Onseigaku daijiten*, Sanshuusha

Okumura Mitsuo (1968): *Sa-gyoo i-onbin no shoochoo*; in: *Kokugo kokubun 37*, S. 34-48

Oono Susumu (1955): *Man'yoo jidai no on'in*; in: Oono Susumu (1982), *Kanazukai to joodaigo*, Iwanami. S. 147-192

Philippi, Donald (1968): Kojiki (Übersetzung und Kommentar), Tookyoo, Tokyo University

Pierson, J. L. (Hg.) (1929-1963): The Man'yoosuu (Übersetzung und Kommentar), Band 1-20, Leiden

Rickmeyer, Jens (1983): Morphosyntax der japanischen Gegenwartssprache, Heidelberg

Rickmeyer, Jens (1985): Einführung in das klassische Japanisch, Hamburg

Rickmeyer, Jens (1986): Einführung in die japanische Sprachgeschichte, Universität Marburg

Rickmeyer, Jens (1989): Sprachbau; in: Lewin, Bruno (1989), S. 26-62

Rodriguez, Joao (1604): Arte da Lingoa de Japam, übersetzt von Doi Tadao (1980): *Nihon dai-bunten*, Sanseidoo

Sakanashi Ryuuzoo (1987): *Edo jidai no kokugo - Kamigatago*, Tookyoodoo

Satoo Kiyoji (1980): *Ametsuchi*; in: KGD (1980), S. 19

Schneider, Roland (1989): Sprachgeschichte; in: Lewin, Bruno (1989), S. 119-161

Shimada Isao (1980): *Edo jidai zenki no kokugo*; in: KGD (1980), S. 74-77

Shirafuji Noriyuki (1987): *Nara jidai no kokugo*, Tookyoodoo

SNKBT: Shin nihon koten bungaku taikei (1989): *Ukiyoburo*, Band 86, Iwanami

TN: Nihon daigaku bunrigakubu kokubungaku kenkyuushitsu (1967): *Tosa nikki soosakuin*, Oofuusha

Toodoo Akiyasu (1965): *Kanji gogen jiten*, Gakutoosha

Toyama Eiji (1972): *Kindai no on'in*: in: Nakada Norio (1972), S. 173-268

Tsukishima Hiroshi (1969): *Heian jidaigo shinron*. Tookyoo daigaku shuppankai

Tsukishima Hiroshi (1980): *Heian jidai no kokugo*: in: KGD (1980). S. 790-797

Tsukishima Hiroshi (1987): *Heian jidai no kokugo*: Tookyoodoo

Uemura Yukio (1972): *Gendai no on'in*; in: Nakada (1972), S. 268-309

Vance, Timothy J. (1987): An Introduction to Japanese Phonology, Albany

Wenck, Günther (1954): Japanische Phonetik. Band 1. Wiesbaden

Wenck, Günther (1959): Japanische Phonetik. Band 4, Wiesbaden

Wenck, Günther (1966): The Phonemics of Japanese. Wiesbaden

WRS: Kyooto daigaku bungakubu kokugogaku kokubungaku kenkyuushitsu (Hg.) (1968): *Shohon shuusei. Wamyoo ruijuushoo*, 2 Bände, Rinsen shoten, Kyooto

Yamada Toshio (1980): *Kana*; in: KGD (1980). S. 164-165

Yamamoto Toshiharu (1973): *On'in no hensen*: in: Shimada Isao (Hg.) (1973): *Kokugo gaisetsu: onsei to on'in*. S. 55-74, Oofuusha

Yanagida Seiji (1985): *Muromachi jidai no kokugo*. Tookyoodoo

Yasuda Naomichi (1982): *Joodaigo no boin wa ikutsu atta ka*: in: *Kokubungaku*, 27. Jg., Nr. 16, S. 68-72

Yoshida Sumio (Hg.) (1973): *Katakoto - honbun to sakuin*; in: Kindaigo gakkai (Hg.) (1973): *Kindaigo kenkyuu 3 - shiryoo-hen*, Musashino shoin

Japanische Lautgeschichte im Überblick

(siehe auch S. 85)

7.2. Vereinheitlichungsprozesse bestimmter phonetischer Realisierungen

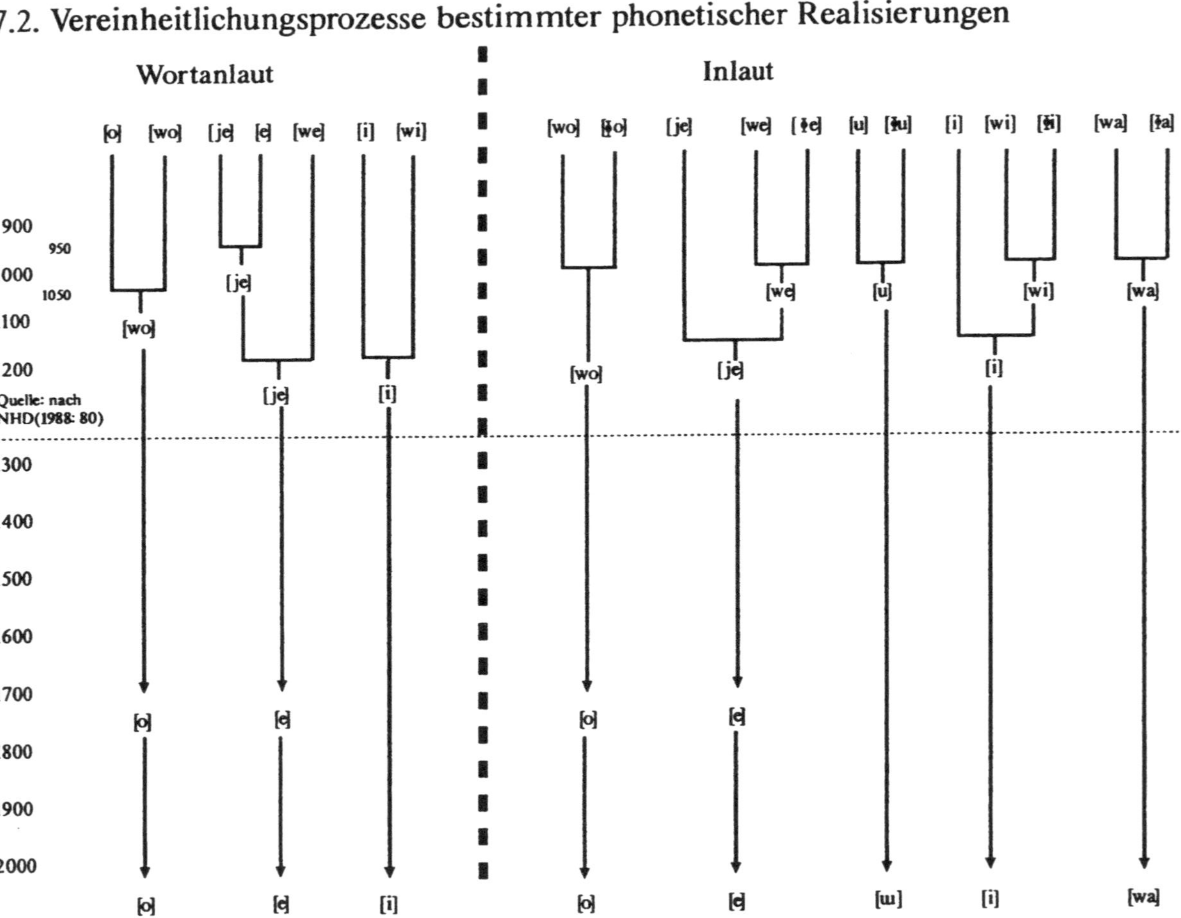